궁금해요! **요리사가** 사는 세상

궁금해요! 요리사가 사는 세상

초판 1쇄 발행 / 2010년 7월 5일
초판 9쇄 발행 / 2022년 6월 15일

지은이 / 박찬일, 김성효
펴낸이 / 강일우
책임편집 / 김민경
펴낸곳 / (주)창비
등록 / 1986년 8월 5일 제85호
주소 / 10881 경기도 파주시 회동길 184
전화 / 031-955-3333
팩시밀리 / 영업 031-955-3399 · 편집 031-955-3400
홈페이지 / www.changbi.com
전자우편 / ya@changbi.com

ⓒ 박찬일 2010
ISBN 978-89-364-5809-6 43300
ISBN 978-89-364-5992-5 (전5권)

궁금해요!
요리사가
사는 세상

직업 탐색 보고서 ● 요리사

요리사 박찬일 지음

학생 김성효

창비

꿈을 향한 십대들의 인터뷰

중학생 시절은 인생의 어떤 과정을 지나는 시기일까? 동화적인 세계에서 막 벗어난 이 시기는 세상에 점차 눈떠 가며 자신의 미래에 대한 생각도 부쩍 많아지는 때이다. "○○이 되고 싶어." 혹은 아직 그런 결심은 없지만 조금씩 자아에 눈을 뜨며 "나중에 커서 무엇을 할까?" 하는 현실적인 고민을 진지하게 시작했을 수도 있다. 어느 날 진로를 결정했다가 그다음 날에는 바로 마음이 흔들리기도 한다. 십대는 어린이가 어른으로 성장하는 시기로서 심리적으로 급격히 불안정해질 수 있다는 임상적 보고도 있다. 때론 '인간이란 무엇인가'라는 문제를 생각하기도 하고, 자기모순에 눈을 뜨기도 하면서 성장통을 겪는 시기인 것이다.

이런 민감한 시기에, 그리고 앞으로 어떤 일을 하며 살아가면 좋을지 진지한 고민이 시작될 때, 미래의 직업에 대한 탐색은 교과 공부에 밀려 제쳐 둘 수 없는 중요한 일이 아닐 수 없다. 직업에 대한 바른 '정보'는 인생을 살아가기 위한 지도와 같은 것이기 때문이다. 자기에게 가치 있는 정보는 바닷가의 모래알 하나보다 작고 손에 쥐기 어려울지도 모른다. 하지만 자신을 100퍼센트 살릴 일을 찾기 위해서는 이런 정보를 찾는 노력을 게을리할 수 없다. 필요한 정보를 찾고 자기 안에 쌓아 두는 기술은 세상을 지혜롭게 살아가는 데도 소중하다. 그런데 대부분의 학생들은 어떤 직업이 우리 사회에서 구체적으로 무슨 일을 맡고 있는지, 어떻게 그 직업인이 될 수 있을지 정확하고 상세한 정보를 얻기가 매우 어려운 실정이다. 이런 상황에 처한 십대에게 '살아가는 의미'와 '진로'를 진지하게 고민해 볼 수 있는 책이 필요하다고 판단하고 '직업 탐색 보고서'를 기획하게 되었다.

이 시리즈에는 무슨 정보를 어떤 형식으로 담았을까?

첫째, 중학생들이 각 분야 전문가를 직접 인터뷰한 내용을 알기 쉽게 정리했다. 창비에서는 2008년부터 여름방학 때마다 직업을 탐색해 보는 드림캠프를 열었다. 이때 참가한 학생들 가운데 인터뷰를 희망하는 중학생을 선발했으며, 인터뷰어로 뽑힌 학생들 자신이 만나보고 싶은 사회의 저명 직업인을 직접 찾아가 궁금한 것을 물어본 것이다. 인터뷰 속에는 현재의 삶에 만족하는지부터 전문가가 되기 위해 무엇이 필요한지 등 해당 직업에 대해 학생들이 정말 궁금해하는 것을 담았기 때문에 질문이 소박하지만 현실적이다. 학생들 앞에 앉은 해당 직업의 종사자들은 하나하나 쉽게 답변하려 애썼기 때문에 책을 읽는 학생들이 "아, 그런 점이 있구나." 하고 고

개를 끄덕일 대목이 적지 않다. 이 시리즈를 읽을 청소년들은 질문을 던지는 학생과 함께 전문가들이 무슨 생각을 하고 있는지 귀 기울여 들으며 자기에게 필요한 정보를 뽑아 체크하면서 읽으면 좋을 듯하다.

둘째, 전문가들이 인터뷰에서 못다 한 중요한 이야기를 글을 통해 자상하게 들려준다. 학생들과의 대화 속에 미처 담지 못했던 해당 전문 분야에 대한 설명, 직업인으로서 세상을 보는 관점, 해당 직업에 대한 진지한 생각 들이 담겨 있다. 학생들이 엉터리 정보를 믿고 걸어가면 길을 잃을 수도 있기 때문에 바르고 상세한 정보를 들려주기 위해 각별히 노력한 부분이다.

셋째, 학생들이 해당 직업에 대해 좀 더 알아보는 탐구 활동을 수록했다. 인터뷰에 참여한 학생들이 직접 기사를 써 보거나 현장을 기록하고 관련 분야를 체험해 볼 수 있는 기회를 마련했다. 이 책에 소개된 활동은 다양한 직업 체험의 작은 일부일 뿐이며, 이 책을 읽는 독자들 스스로 참여할 수 있는 캠프나 봉사 활동을 찾아 실천해 보면 좋겠다. 뒤에 붙은 부록에는 해당 분야와 관련된 책이나 영화 등 도움이 될 만한 자료를 모아 엮었다.

우리 사회의 다양한 직업들을 직접 탐색해 보는 이 시리즈를 통해 십대들이 스스로 미래를 위한 정보를 수집하고 자신의 인생을 만들어 나가기를 바란다.

'직업 탐색 보고서' 기획위원회

신재욱

● **한식 요리의 특징은 무엇인가요?**

한마디로 정의하기 어려운데, 보통 '한정식' 하면 궁중 음식을 얘기합니다. 저는 궁중 음식에 바탕을 둔 '한정식'과 '한식'을 구분하는 편인데, '한식'은 우리나라에서 나는 재료로 만든, 한국 사람들이 먹는 음식이라고 생각합니다. 제 개인적인 생각으로는 한국 음식은 어떤 하나의 조리법을 큰 기준으로 삼아 표준화, 계량화되기 힘들다고 보는데요, 그 이유가 같은 재료도 해마다, 계절마다 그 맛이 다르기 때문이에요. 그것이 한식 요리의 어려움이자 매력이지요. 그리고 음식을 드시는 분의 처지에서 본다면, 한식 요리는 나눠 먹는 거지요. 한 음식을 나눠 먹으면서 정을 쌓을 수 있다는 점에 독특한 문화가 담겨 있습니다. 물론 외국 손님들께는 다르게 서빙하지요.

● **선생님께서 만드시는 요리에는 어떤 특징이 있나요?**

가능한 한 우리나라에서 나는 재료를 씁니다. 일주일에 두 번씩 전라남도 영암에서 야생초가 올라오는데요, 재배한 것이 아니라 자연적으로 나는 야생초를 따서 쓰고 있어요. 그리고 육류를 적게 쓰고 있습니다. 제 음식점에는 어르신들이 많이 오시는 편인데 모두들 건강에 관심을 많으시죠. 아무래도 어르신들은 채식을 많이 하시는 편이 건강에 좋으니까 육류를 덜 쓰는 메뉴를 개발하고 있습니다.

● **한식 상차림에서 특별히 신경을 쓰는 부분이 있나요?**

저는 음식을 담는 그릇에 관심이 많습니다. 외국 손님들이 많이 오시기 때문인데요, 어떤 그릇에 우리 음식을 올려야 한국 음식의 특징이 잘 살까 고민을 많이 했지요. 그래서 유리그릇 대신 유기그릇과 도자기 그릇을 많이 쓰는 편입니다. 특히 밥과 찌개 등의 식사는 꼭 유기그릇에 담아냅니다.

식사 유기그릇에 담긴 연잎 밥과 된장찌개, 반찬들.

근채쌈 근채쌈은 구절판에서 아이디어를 얻은 것이다. 얇게 저민 감자를 효소에 절이면 감자에 간이 배어 채소에 양념을 하지 않아도 독특한 맛이 나는 쌈으로 먹을 수 있다. 아래 요리는 과일을 주재료로 만든 것이다. 죽순 잎에 배, 토마토, 오디 열매를 올려 잎 전체를 싸서 먹는다. 다른 양념을 더하지 않아도 각 과일이 지닌 맛이 합쳐서 색다른 맛이 난다.
시절 무침 야생초로 만든 샐러드. 계절마다 딸 수 있는 야생초가 다르기 때문에 일 년 내내 재료가 다르고 재료에 따라 소스도 달라진다. 소스는 효소를 넣어 서너 달 발효시킨 것을 쓴다.

일식 요리사

박재형

● 일본 요리의 특징은 무엇인가요?

일본 요리의 특징은 두 가지예요. 최소한의 양념으로 신선한 재료 본연의 맛을 살리는 것, 그리고 정성입니다. 한국에 알려진 일본 요리는 한국인의 입맛에 맞게 간이 더해졌는데, 실제로 일본 요리는 무척 담백합니다. 어느 요리에든 정성이 들어가겠지만 특히 일본 요리는 거치는 과정이 무척 많아요. 한국 음식점에서 요리할 때는 불가피하게 몇 단계를 생략할 수밖에 없지요.

● 선생님이 특히 잘하시는 요리는 무엇인가요?

저는 일본에서 '사시미'와 '다시지루'를 집중적으로 배웠습니다. 이 두 가지는 일식 요리사의 실력을 가늠하는 것으로 일본 요리의 기본입니다. 생선회인 '사시미'는 칼기술, 손기술이 중요하지요. '다시지루'는 줄여서 '다시'라고 많이 부르는데 요리사의 미각을 가늠하는 기준이기도 합니다. 일본 요리에는 특히 다시가 많이 쓰입니다. 제일 많이 알려진 '가쯔오부시다시' 외에 멸치로 국물을 내는 '니보시다시', 고등어로 국물을 내는 '사바부시다시'도 많이 쓰이고, 이밖에 채소, 닭 등으로 우려 낸 다시 등 다양한 다시가 있습니다. 탕이나 국에만 쓰일 것 같지만 소스나 조림에도 쓰이고 회를 다시에 절이고 발효시켜 스시에 올리기도 합니다. 한 가지 재료로 우려 낸 다시를 쓰기도 하고 여러 다시들을 섞어서 맛을 내기도 합니다. 다시는 일본 요리의 기본이며 요리사마다, 음식점마다 다릅니다. 자기만의 레시피가 있다고 할까요?

사시미 어패류마다 처리 방법이나 칼을 쓰는 방법이 다르기 때문에 거기에 알맞은 방법을 알아야 합니다.
무엇보다도 칼을 잘 다루어야 하고 항상 칼날을 잘 다듬어야 하지요.

중식 요리사

우금산

● 중국 요리의 특징은 무엇인가요?

중국은 넓은 국토만큼 다양한 요리가 발달했어
요. 사천식, 광둥식, 산둥식 등…… 한마디로
재료와 조리법이 완전히 다른 요리들이 많
죠. 전복의 경우만 해도 어떻게 찌고 말리느
냐에 따라 수십, 수백 가지의 다른 요리로 변
신합니다. 19세기 말부터 한국에 들어온 화교
들은 대부분 산둥성 출신이기 때문에 한국에
퍼진 중국 요리는 대부분 산둥성 요리입니다.
일찍부터 문화가 발달했던 산둥 지역은 음식
문화 또한 발달했어요. 자장면 역시 산둥성의
전통 음식이지만 정착되는 과정에서 한국인의
입맛에 맞게 한국화되었어요. 산둥은 북쪽 지방
이라 쌀이 귀한 대신 밀이 많이 납니다. 그래서 면 요
리가 흔해요. 해물의 경우엔 황하 유역에서 잡히는 민
물고기 요리가 발달했고요. 오랜 역사와 너른 땅을 가진
나라의 음식답게 중국 요리는 흥미로운 사연을 담고 있는 요리가 많아요. 중국 요리와
친숙해지기 위해서는 이런 문화적, 역사적 맥락을 이해하는 것이 중요합니다.

● 중식 요리사로서 어려운 점이나 보람은 무엇인가요?

어느 분야나 마찬가지지만 특히 중국 음식점의 훈련 과정은 예나 지금이나 혹독합니
다. 프라이팬 닦는 것에서부터 양파 껍질 벗기기, 불 다루기까지 몇 년을 쉴 새 없이 일
해야 하지요. 처음 중국 요리에 입문하면 맨 먼저 배우는 것이 프라이팬 설거지입니다.
전 세계 어느 프라이팬보다도 크고 무거운 중식용 프라이팬을 초보자가 닦는 건 쉬운
일이 아니죠. 저도 처음 일을 배울 땐 팔목에 파스를 붙이고 일했어요. 하지만 날마다
크고 무거운 프라이팬을 설거지하다 보면 자연스레 팔목 힘이 생기고 근육이 붙습니

다. 초보 시절 프라이팬을 설거지함으로써 나중에 정식 요리사가 됐을 때 필요한 힘을 기르는 셈입니다. 그다음 하는 일이 볶는 일입니다. 이 일은 힘이 좀 더 필요한데, 이때쯤 되면 팔목 힘이 상당해져 있습니다. 제 스승의 경우, 프라이팬에 모래를 가득 넣고 하루 50번씩 돌리도록 했습니다. 그렇게 매일 하다 보면 비로소 감이 좀 잡히지요. 이렇게 입문 단계가 거칠고 힘들지만 어느 정도 단계에 다다르면 성취감이 매우 큰 것이 중국 요리의 특징입니다. 요리사 본인의 노력 여하에 따라 실력 차가 워낙 크게 나기 때문이에요.

연근 새우 튀김 연근을 반달 모양으로 잘라 부채꼴 모양으로 마주 댄 사이에 다진 새우를 넣어 튀긴 요리. 소스의 달콤함, 연근의 아삭함, 새우의 담백함이 더해져 독특한 맛이 난다.

화덕에 구운 만두와 죽 중국 전통 만두. 만두소의 주재료에 따라 해물 만두, 돼지고기 만두로 나뉜다. 주재료와 배추, 표고버섯, 두부 등을 깍둑썰기 해서 넣고 화덕에 구워 속이 뽕송뽕송 살아 있는 것이 특징이다. 나뭇잎 모양, 반달 모양 등이 있고 만두 겉에 식용 색소로 음식점 이름을 쓴 것이 재미있다.

이탈리아식 요리사
박찬일

● **이탈리아 요리의 특징은 무엇인가요?**

양식은 크게 프랑스식과 이탈리아식으로 나뉘는데, 프랑스식은 좀 더 테크닉을 중시하고 이탈리아식은 창의적인 면이 좀 더 강해요. 이탈리아는 반도라서 산과 바다에서 나는 것을 다 요리에 응용해요. 지중해와 접해 있으니까 해물 요리가 발달했고, 산악 지방이 많다 보니 절임 문화가 발달했어요. 그래서 우리나라처럼 해물이나 채소를 소금이나 기름에 절여 저장해 먹죠. 또 토마토를 무척 즐겨 쓴다는 점과 다른 서양 요리와 달리 고추와 마늘을 즐겨 쓰는 것도 특징이죠.

이탈리아 요리의 결정적인 특징은 바로 국수, 파스타예요. 서양 요리 중에 이탈리아만 유일하게 정식 코스에 파스타가 들어 있어요. 다른 나라는 빵이나 감자로 탄수화물을 섭취하지만, 이탈리아에서는 파스타로 탄수화물을 섭취하죠. 그래서 이탈리아 음식이 한국에서 빨리 확산된 거라고 봐요. 이탈리아는 경제적으로 잘살기도 하지만 먹는 걸 굉장히 중시해요. 먹을 게 풍부하고 다양하다 보니 음식에 대한 관심이 높지요. 그래서 이탈리아 사람들은 잘 차려 먹으려고 해요. 햄버거로 한 끼 때우는 걸 싫어하고 집에서 점심을 먹어도 한번에 먹지 않고 투 코스, 스리 코스로 순서대로 차려 먹죠.

● **요리사로서 실력이나 감각을 유지하기 위해 어떤 노력을 하시나요?**

좋은 요리사가 되려면 좋은 음식을 많이 먹어 봐야 해요. 책이나 영상으로 배워서 요리하는 데에는 한계가 있어요. 어릴 때부터 맛있는 요리를 먹어 온 사람이 맛있는 요리를 만들 가능성이 높다고 해요. 먹어 본 걸 흉내 내는 것이 요리의 시작이라고 할 수 있으니까요. 그리고 '요리사'라는 직업은 창의성을 기르는 게 중요해요. 그러려면 요

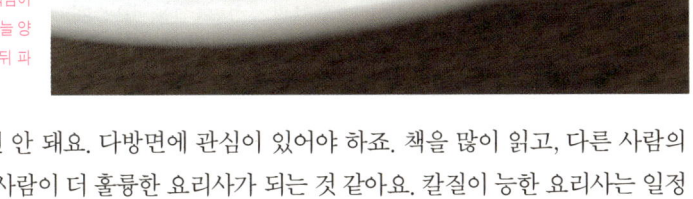

생고등어 파스타 이탈리아 중남부의 해안가에서 먹는 민중의 파스타예요. 싱싱하고 값싼 고등어를 고르는 것이 맛의 핵심이죠. 고등어 살을 잘 발라 마늘 양념을 한 올리브유에 볶은 뒤 파스타와 비벼 냅니다.

리만 들여다봐선 안 돼요. 다방면에 관심이 있어야 하죠. 책을 많이 읽고, 다른 사람의 얘기도 잘 듣는 사람이 더 훌륭한 요리사가 되는 것 같아요. 칼질이 능한 요리사는 일정한 단계까지는 이르지만, 그것만으로는 최고의 요리사가 될 수 없어요. 엉뚱하고 호기심이 많은 사람들이 요리도 재미있게 하고 특이한 발상을 많이 내놓는 것 같아요.

프랑스식 요리사
김 신

● **프랑스 요리의 특징은 무엇인가요?**

일본에서 프랑스 요리를 공부할 때 '요리는 예술이다'라는 말을 정말 많이 들었습니다. 어느 나라보다 요리를 문화로 생각하고, 요리 안에 역사와 가치관이 담겨 있는 것이 프랑스 요리의 특징입니다. 그러다 보니 문화적, 역사적인 배경을 알고 프랑스 요리를 대해야 하는데 우리로서는 익숙하지 않은 음식 문화라 어렵죠. 또 프랑스 요리는 고급스럽고, 양도 적고, 밍밍하고 먹기가 까다롭다는 오해가 있지요. 이런 점들 때문에 우리나라에는 프랑스 요리가 덜 알려지고 덜 발달한 것 같습니다. 그래서 제 생각에, 프랑스 요리사는 요리만 하는 것이 아니라 요리를 통해 프랑스의 문화, 역사를 이해시킬 수 있어야 한다고 봅니다. 프랑스의 국가 가치관인 똘레랑스(tolérance, 관용)가 음식에도 적용이 되는데, 중식 일식 커리 등 외국 것을 잘 포용하고 여과시켜 자기네 음식에 맞게 창조해 내는 것도 프랑스 요리의 한 특징입니다. 또 소스가 발달했는데 이것이 다른 유럽 국가의 요리와 프랑스 요리 사이에 크게 다른 점입니다. 고기의 육즙을 이용해서 고기의 맛을 상승시키는 한편, 소스를 변화시켜 다양한 메뉴를 개발할 수 있어요. 19세기에 4대 소스가 정립되었고, 20세기에 와서 요리사 에스코피에가 소스를 하나 더 추가했어요. 그가 기초를 잡은 요리책이 현재까지 서양 요리의 성경책으로 추앙받고 있습니다.

● **프랑스 요리의 역사에 대해 말씀해 주세요.**

간단히 말하자면…… 우리가 지금 알고 있는 프랑스 요리는 근대부터 발달한 것인데, 당시 이탈리아 요리의 영향을 받았습니다. 프랑스 요리는 처음에는 왕과 귀족의 것이었어요. 프랑스 시민

혁명을 거치고 나폴레옹이 공화국 황제가 되면서 요리사 길드(노동조합)를 만들었어요. 이 시기에 프랑스 요리의 계량법이 체계화되어서 대중으로 퍼졌지요. 한편 궁정이 사라진 이후, 왕과 귀족을 위해 음식을 만들던 요리사가 이제는 부유한 상인을 위해 요리하거나, 대도시에 자신만의 레스토랑을 열게 되었습니다. '라 투르 다르장'(la tour d'argent, 16세기 말 등장한 프랑스 최초의 고급 레스토랑)부터 고흐, 피카소 등 예술가들이 자주 가던 '까페 드 플로르'(café de flore)에 이르기까지 파리의 구석구석에는 새로운 시대의 카페와 레스토랑이 들어서기 시작했어요. 이후 에스코피에가 식사 예절을 현대적인 3코스, 5코스, 7코스, 9코스 등으로 정리를 했습니다. 물론 현재는 다시 프랑스 궁중요리에서의 40코스까지 요리를 선보이는 곳도 있다고 합니다.

**송아지 등심구이,
프로슈토에 감싼 깍지 콩과 머스타드 소스**

송아지로 만든 요리는 프랑스 전통 음식이자 대표 음식이기도 합니다. 기름이 적은 송아지 고기는 대개 크림 계열의 소스와 같이 즐깁니다. 머스타드 향이 젖비린내를 살짝 감추어 주고 감칠맛을 더해 주죠. 프로슈토(돼지 뒷다리로 만든 생햄)에 감싼 깍지 콩은 옆에 찍어 놓은 발사믹 리덕션 소스(발사믹 식초와 사과를 껍질 채 졸인 뒤 약간의 소금과 후추로 양념한 소스)와 함께 즐길 수 있습니다. 가운데 동그란 것은 버터에 구운 양송이이고, 모서리에 있는 것은 프랑스 전통 음식인 라타투이(파프리카와 호박, 가지, 마늘, 양파, 토마토, 허브타임[Thyme] 잎, 월계수 잎을 살짝 볶은 뒤 약한 불에서 채소 자체의 수분으로 쪄 내는 요리)입니다.

제과제빵사

권형준

● **제과제빵사의 특징은 무엇인가요?**

요즘에 '파티셰'라는 말을 많이 쓰는데 우리나라에는 빵 만드는 사람 전반을 뜻하는 말로 잘못 알려져 있어요. 실은 빵을 다루는 '블랑제', 과자를 다루는 '파티셰', 초콜릿을 다루는 '쇼콜라티에', 아이스크림을 다루는 '글라시에', 잼이나 사탕 같은 당과를 다루는 '콩피쉐르', 이렇게 나뉘어 있어요. 사람들은 파티셰라는 직업에 대해 예술을 한다고 말하기도 하던데, 파티셰는 노동자입니다. 노동을 하면서 자기표현을 하는 거죠. 좀 더 일반적으로 말하면, 파티셰는 디저트를 만드는 기술자입니다. 이스트를 쓰지 않는 쿠키, 파이, 케이크를 만드는 사람이죠. 식사 후에 먹는 디저트뿐만 아니라 멀리 가져갈 수 있는 것도 포함됩니다. 살아가는 데 꼭 필요한 건 아니니까, 저는 단 것을 좋아하는 사람을 위한 기호품이라고 봅니다. 원래 프랑스 요리에는 설탕이 들어가지 않아요. 그래서 이런 당분이 들어간 디저트가 발달했죠. 또 유럽과 일본은 차 문화가 발달해서 씁쓸한 차와 같이 먹을 수 있는 단 음식이 일찍부터 발달한 것이고요.

● **새로운 과자를 만들기 위한 발상은 어디서 얻으세요?**

다른 직종에서 일하는 사람들을 만나려고 노력합니다. 그러다 보면 의외의 아이디어를 얻을 수 있거든요. 한 예로 대만 요리 음식점에서 잣이랑 고추, 리치(중국 과일)를 넣은 볶음 요리를 먹다가 아이디어를 얻어서 초콜릿 무스에 고추를 넣은 과자를 만들었습니다. 다른 사람의 창작에서 힌트를 얻어 제 방식으로 재구성, 재탄생시키는 거지요.

● **앞으로 만들고 싶은 과자는 어떤 것인가요?**

한국 사람들은 유행에 민감하기 때문에 특히 제 분야는 트렌드가 있는 것 같습니다. 하지만 저는 전통적인 과자를 계속 추구하고 싶어요. 전통이 있기 때문에 유행이 생겨나는 거라고 생각합니다. 제가 쓰는 레시피는 보통 100년 이상 된 것들입니다. 문헌에서 찾아서 연구해 씁니다. 그렇게 오래된 레시피가 왜 기본이며 전통이 됐느냐, 그것은 만들기 쉽고 재료의 가짓수를 적게 쓰고 그러면서도 맛있기 때문입니다. 요즘의 레시피들은 복잡하게 변해 가는 것 같아요. 불필요하게 첨가한다고나 할까요?

배 타르트 '타르트'는 과일을 넣어서 구운 프랑스식 파이입니다. 저는 구운 과자를 좋아하는데, 오븐에서 어떻게 굽느냐에 따라 과자 표정이 달라지거든요. 그 과정을 좋아하는 것 같아요. 제일 좋아하는 건 사과 타르트예요. 왜냐하면 만들기가 제일 쉬워요. 또 우리나라 사과가 특히 맛있잖아요. 우리나라 사과 중에 수분이 적은 편인 홍옥을 좋아하는데, 요즘에는 옛날처럼 홍옥이 많이 나지 않는 것 같아요. 해마다 사과 나는 철이 되면 몇 백 개를 들여와서 가공한 뒤 냉동실에 넣어 둡니다. 요즘에는 아몬드나 생크림으로 타르트를 장식하는 게 유행이 되어 버렸는데, 저는 주재료인 사과나 배만 넣습니다. 그 위에 다른 장식은 하지 않고요.

| 1 부 |

박찬일 요리사를 인터뷰하다

_1_
요리사는 어떤 사람들인가요?

● 요리사의 '절대 미각'은 타고나는 건가요, 훈련을 통해서 익힐 수 있는 건가요?

바둑을 예로 들어 볼까? 똑같이 열심히 훈련한다고 해서 누구나 프로 9단이 될 수는 없겠지. 타고난 재능이 어느 정도 좌우하는 것 같아. 마찬가지로 맛을 정확히 감별하려면 후각이나 미각 — 혀보다 코가 예민해야 해 — 이 뛰어나야 하는 것은 물론, 머리도 좋아야 해. 맛을 잘 기억해야 하거든. 그런 면에서 보면 타고나는 구석도 절반쯤 있는 것 같아. 타고난 사람이 훈련을 열심히 하면 절대 미각이 되지만, 덜 타고난 사람은 아무리 훈련해도 절대 미각을 얻기는 좀 힘들다는 생각이 들어. 물론 훈련으로 미각을 어느 정도 발달시킬 수는 있겠지만.

절대 미각을 갖춘 사람은 정말 드물어. 1만 명 중에 한두 명 있을까? 후각이 극도로 발달했고, 기억력이 뛰어나고, 게다가 맛에 대한 경험도 풍부히 쌓은 사람이어야 해. 후각과 기억력이 아무리 뛰어나도 경험을 풍부히 쌓지 않으면 힘들거든.

그런데 사실 나는 절대 미각은 무의미하다고 생각해. "그래서 뭐? 절대 미각 있으면 뭐 할 건데?" 이런 생각이 들어. 남들보다 약간 탁월한 능력이 있다는 건데, 인생에서 별로 쓸모가 없는 것 같아. 요리사가 후각이 매우 발달했다고 하면, 그것이 훌륭한 요리를 만드는 데 좋은 조건이긴 하지만, 필요충분조건은 아니야. 없어도 그만이야, 절대 미각은.

● 요리사는 담배를 피우면 안 좋다고 하던데, 정말 그런가요?

나도 옛날에는 담배를 피웠는데, 3년 전에 끊었어. 내가 담배를 처음 배울 당시에는 담배가 몸에 해롭다는 인식이 지금처럼 많이 퍼져 있지 않았어. 얼마나 나쁜지 모르고 그냥 휩쓸려서 피운 거야. 그러다 보니까 버릇이 들어서 한참을 못 끊었지. 요리를 시작하고 나서도 한동안은 피웠어.

그런데 요리사는 담배를 피우면 안 돼. 건강을 해치고 집중력을 떨어뜨려 결국 좋은 요리사가 될 수 없기 때문이야. 요리사뿐만 아니라 소믈리에(sommelier, 와인 전문가), 바리스타(barista, 커피 전문가), 조향사(화장품 향료나 향수를 다루는 향장품연구자[perfumer]와 식품향료를 다루는 식품향료연구자[flavorist]가 있다) 들은 담배를 피우면 매우 불리하지. 미각과 후각이 둔해지니까 맛과 냄새를 잘 감별할 수가 없잖아.

아니, 꼭 요리에 관련된 직업이 아니더라도 담배는 무조건 피우지 말아야 해. 일반 직업에 종사하는 사람들도 담배를 피우면 절대 불리하지.

● 요리도 예체능처럼 조기교육을 하면 좋다고 생각하세요?

예체능은 일찍 시작할수록 아무래도 유리하겠지. 천재적 감각이나 능력을 빨리 개발할 수 있으니까 말이야. 예를 들어서 축구 선수는 일반 직업인이라기보다는 천부적인 감각이 필요한 재능인이지. 바이올리니스트도 그렇고. 축구나 바이올린은 10년, 20년 꾸준히 한다고 해서 누구나 잘할 수 있는 건 아니잖아.

그런데 요리는 예체능과는 다른 것 같아. 천부적 감각이 필요한 전문인이라기보다 회계사나 세일즈맨 같은 일반 직업, 생활 직업에 가까워. 요리사는 누구나 할 수 있어. 5~10년 정도 수련을 받으면

훌륭하게 자기 일을 해낼 수 있는 정도가 되지. 그러면서도 창의성이 필요하다는 것이 특징이지. 생활 직업에 가깝지만 천부적인 재능이 있으면 좀 더 유리한 정도라고 할 수 있겠네. 생활 직업 쪽이 8이면 천부적 감각 쪽이 2쯤 되지 않을까?

요리사들 가운데에는 재능을 타고난 사람들이 분명히 있어. 손의 감각이 남달라서 훨씬 빠르고 예쁘게 만들 줄 알지. 하지만 손의 감각이 둔하다고 해서 요리사가 되지 못하는 건 아니야. 그런 사람 중에 의외로 스케일이 큰 요리를 잘하는 경우도 있거든. 그래서 알수가 없어. 손 감각이 좋고 혀가 예민하다고 해서 꼭 좋은 요리사라고 할 수는 없어. 반면에 솜씨는 처져도 경영 능력이 뛰어나면 좋은 요리사가 될 수도 있지. 예민한 감각이 필요한 일은 동료가 해 줄수도 있잖아. 그러니까, 나는 누구나 요리사가 될 수 있다고 생각해. 다만 그 일을 스스로 즐겨야겠지.

● 그러면 요리사가 되고 싶은 청소년들이 준비해야 할 것은 무엇일까요?

성효는 요리사가 되고 싶다고
했지? 지금부터 요리에 관심을 갖
고 요리책을 본다든가 하면 도움
이 되겠지만, 거기에 너무 많은 시
간을 안 빼앗겼으면 좋겠어. 더 중
요한 건 공부야. 대학 졸업은 기본
이겠지. 또 외국의 좋은 조리학과
를 가려면 영어도 잘해야 하고.

요리만 잘한다고 좋은 요리사가 되는 건 아니야. 인문학적 소양
과 세상을 보는 눈을 갖춘 요리사라면 사회적으로 훨씬 더 존중받
을 수 있고, 일할 수 있는 기회도 많아. 나는 처음부터 요리사로 출
발한 게 아니라 기자 생활을 했잖아? 그래서 인문학적 교양이 남들
맞춰 줄 수준은 되고, 책도 쓰고 하니까 유리한 점이 많아. 이런 강
점이 있으니까 요리사로서 도태되지 않을 가능성이 높지. 요리사가
교양을 갖추고 있으면 훨씬 유리해. 그러니까 청소년기에 책을 많
이 읽고 교양을 쌓는 게 중요하지.

● 훌륭한 요리사가 되려면 어떤 노력을 기울여야 하나요?

우선 기술적으로 완성이 돼야 해. 기술을 '테크닉'이라고 부르기

도 하는데, 10년 정도면 대개는 익힐 수 있어. 그 과정을 충실히 밟아서 체계적으로 잘 익혀야 해. 그다음에는 성품도 무척 중요해. 까다로운 손님들의 입맛을 충족시켜야 하고, 항의하는 손님에게는 양해를 구하고 설득해야 하고, 그리고 조직 생활을 하는 거니까 선배, 동료들과도 잘 지내야 하거든. 인내심이 무척 필요한 직업이야.

또 남보다 뛰어난 요리사가 되려면 뭔가 탁월한 게 있어야겠지? 칼질 잘하는 것도 중요하지만, 창의성을 발휘하려면 공부도 많이 해야 해. 요리의 세계도 이미 글로벌화되어 있어. 예를 들어서 요리사가 영어를 잘한다는 건 요리에 관한 수많은 기술과 정보를 입수하는 데 유리한 조건에 있다는 걸 뜻해.

예를 들어 볼게. 재료를 익히는 방법 중에 파스퇴르 공법(Pasteurizing)이라는 게 있어. 일반 우유는 135도에서 2초간 살균하는데, 파스퇴르 공법은 65도에서 30분간 살균하는 거야. 그래서 우유 맛이 매우 고소하고 부드러운 데다가 잘 상하지도 않아. 고기나 채소를 익힐 때도 60도 정도의 물에서 천천히 익히면 굉장히 부드럽고, 아주 오래 보존할 수 있어. 그게 저온 살균 조리법인데, 한식 요리사들은 잘 몰라. 서양에서 개발한 조리법이거든. 만약 갈비찜을 저온 살균 조리법으로 만든다면 훨씬 부드럽고 맛깔스럽게 할 수 있을 텐데 말이야. 이처럼 한국어로 번역되지 않은 서양 조리법 책이 무척 많은데, 영어를 못하면 그런 조리법을 배울 수 없는 거야.

반대로 영어를 잘하면 외국 사이트에서 다양한 조리법과 정보를 얻을 수도 있지. 그러니까 이제는 요리사들도 공부를 많이 해야 하는 시대가 된 거야. 내가 일하는 식당에는 외국인 손님들도 많이 오기 때문에 영어를 좀 해야 해. 외국인 손님들을 친절하게 응대해서 사귀면 더 자주 올 거 아냐?

좋은 요리사가 되려면 갖추어야 할 것이 참 많아. 기술도 있어야 하고, 고객 관리도 잘해야 하고, 외국어 능력도 있어야 하고, 체력도 좋아야 하니 운동도 열심히 해야 하고, 술·담배 안 하면 좋고. 약간 수도승 같은 인내심, 항상 똑같은 일상을 지루해하지 않고 진득하게 수행할 수 있는 능력이 필요해. 이런 면에서 보면 요리사가 참 피곤한 직업이야.

● 체력이 약하면 요리사가 될 수 없나요?

체력이 약하면 아무래도 불리하지. 요리사는 술·담배도 하지 말아야 하고, 운동도 꾸준히 해야 해. 계속 서 있어야 하니까 특히 하체가 튼튼해야 하지. 나도 웨이트트레이닝을 꾸준히 하고 있어. 집중력도 체력이 뒷받침되어야 하거든. 일요일이면 등산을 가는 것도 그런 목적에서야.

● 그러면 여자는 요리사로 일하기 힘든가요?

여자는 근력이 약한 것이지 체력이 약한 건 아니니까, 여자라고 해서 아무 문제 될 건 없어. 다만 좀 불리한 구석이라면, 남자 요리사들이 훨씬 많으니까 대체로 여자를 안 좋아하는 문화는 있어. 막 부려먹기 힘들다는 게 구실이지.

외국만큼은 아니지만 우리나라에도 여자 요리사가 늘고 있어. 실제로 현재 조리학과 재학생들을 보면 여학생이 무척 많아. 그런데도 현장에서 여자 비율이 낮은 이유는 다른 직업과 마찬가지로 결혼이나 출산 등으로 일을 중단하는 경우가 생기거나, 여자에 대한 편견 때문에 힘들거나 해서이지. 경력이 많은 요리사 가운데 여자는 드물어. 한식 외에는 여자 주방장이 손에 꼽을 정도지. 외국에는 멋진 여자 주방장이 꽤 있거든. 열 명 중 한 명 꼴로 있는데, 우리나라는 제로에 가깝지.

● 요리사가 비전 있는 직업인가요?

응, 그렇다고 생각해. 미래는 누구도 알 수 없지만, 현재까지의 데이터로 미래를 예측한다면 분명히 비전이 있어. 우선 경제적으로도 비전이 있지. 내가 2002년에 이탈리아에서 한국으로 돌아왔는데, 그때 한국에서 가장 잘나간다는 주방장의 연봉이 지금 물가로 환산한다면 5,000만 원이 안 됐어. 그런데 지금은 연봉 6,000만~1억 원을 받는 주방장들이 꽤 많아. 아마 100명도 넘을 거야. 외국에 유학 갔다 온 사람을 중심으로 그렇게 대우가 좋아졌어. 또 외국의 여러 미디어에서 미래에 유망한 직업을 꼽은 것을 보면 요리사와 제과사가 빠지지 않아.

● 요리사에 대한 사회적인 대우는 어느 정도인가요?

옛날에는 주방의 최고 책임자를 '주방장'이라고 했지만 요즘은 '셰프'라고 불러. 외국어지만 이제 꽤 널리 쓰이고 있어. 꼭 외국어로 불러야 좋은 건 아니지만 요리사를 대하는 태도에 변화가 생긴 건 분명해. 예전에는 그냥 밥하는 기능사 정도로 봤다면, 요즘에는 전문직으로 봐 주는 쪽으로 진보한 거야.

그렇다고 모든 요리사가 그런 대우를 받는 건 아니지. 사실 여전히 많은 요리사가 제일 하급 노동자 취급을 당하고, 월급도 짜고, 인권과 노동권 보호가 안 되는 상황에 처해 있어. 왜냐면 너무 많기 때문이야. 우리나라에서 개별 노동자로 가장 많은 직업이 일반 회사원이고, 두 번째가 공장에서 일하는 기능공, 세 번째가 요리사야. 그 정도로 많으니까 인권 상황이 형편없는 경우가 많아. 그러나 대학 조리학과 같은 데서 교육을 잘 받은 준비된 사람이라면 좋은 일터에서 일할 수 있고, 미래가 열려 있어. 그런 측면에서 요리사는 괜찮은 직업이야.

서양에서는 대통령 만찬이 끝나고 나면 요리사가 만찬장에 나와서 대통령과 같이 건배도 하고 사진도 찍어. 우리는 아직 그 정도는 아니지만, 조금씩 바뀌고는 있어. 내가 중요한 파티 음식을 준비하면, 파티를 주최한 사람이 나를 참석자들에게 소개하고 싶어해. 그러면 나는 그 자리에 나가서 함께 건배를 하고, 주최자는 나에게 음식을 맡겼다는 걸 자랑스럽게 생각하며 소개하지. "내가 당신들을 이 식당으로 불러 박찬일 셰프의 음식을 대접하는 건 크게 한턱낸 거야"라는 걸 알리는 거야. 그 정도의 문화까지는 올라온 것 같아. 요리사에 대한 대우는 앞으로 점점 더 올라가겠지.

_2_
주방에서는 무슨 일이 벌어지나요?

● 책이나 텔레비전을 보면 신참 요리사는 허드렛일만 하던데, 정
  말 그런가요?

맞아. 나이가 적든 많든, 신참이라면 허드렛일부터 밟아 나가야
하지. 요리 경험이 없는 사람이 어느 날 갑자기 중견 프로 요리사가
될 수는 없어. 아래부터 단계를 밟아 배워 가야 해. 나이가 많거나
인생 경험이 많다고 해서 요리를 잘하는 건 아니잖아. 요리의 세계
는 전문 분야라서, 요리를 많이 해 본 사람이 선배일 수밖에 없어.

두 사람이 있다고 해 보자. 인생 경험이 많은 서른 살짜리 초보
요리사와, 경력 5년째인 스무 살짜리 요리사. 당연히 스무 살짜리

요리사가 요리를 더 잘 알겠지. 그러면 서른 살짜리가 스무 살짜리 밑에서 후배가 되어 배워야 해. 세상 이치가 다 그렇지. 요리사만 그런 게 아니야.

● 주방장과 보조 요리사와의 관계는 어떤가요?

요즘에는 보조 요리사라는 말을 안 쓰고 다 요리사라고 해. 주방장 요리사와 그냥 요리사로 나뉠 뿐이야. 그 관계가 여전히 도제식, 다시 말해 스승과 제자의 관계 같은 측면은 있어. 그건 요리를 하는 데에는 책으로 배울 수 없는 것들이 너무 많기 때문이야. 직접 보고 배우는 노하우가 어마어마하거든. 축구를 책으로만 배울 수 있다면 좋겠지만, 현장에 가 보면 변화무쌍한 상황들이 있잖아. 그래서 관계가 도제식이고 강압적인 측면도 있어.

그렇지만 한편으로는 가족적인 분위기도 있어. 육체노동을 하기 때문에 소속감이 강하고 서로 유대가 끈끈하지. 유니폼을 입으니까 결속력도 강하고. 예전에는 선배가 후배를 때리기도 했다는데, 요즘에는 그런 경우는 별로 없어. 욕을 하는 경우는 더러 남아 있기도 해. 주방이라는 곳이 불을 다루고 칼을 쓰는 공간이기 때문에 실수를 하면 위험해질 수 있거든. 그래서 그와 같은 악습이 용인되는 게 아닌가 싶기도 해. 인권이 훨씬 발달한 영국이나 프랑스, 이탈리아의 주방이 우리나라보다 더 살벌한 걸 보면, 그런 면이 있는 것 같아. 그렇지만 시민의 인권의식이 높아지면서 그런 일은 점차 줄어들고 있고, 조만간 사라질 것이라고 봐.

● 식당에서 요리할 때 쓰는 재료는 모두 요리사가 사 오나요?

현실적으로 요리사가 식당에서 쓰는 모든 재료를 직접 사 오긴 힘들어. 물론 규모가 작거나, 메뉴가 적은 식당이라면 가능하겠지. 예를 들어 곰장어 구이만 하는 집이라면 곰장어랑 몇 가지 부재료만 준비하면 되니까. 하지만 대부분의 양식당은 메뉴의 수가 많아서 일일이 다 사러 다닐 수가 없어.

나 같은 경우는 그래도 중요한 건 다 사러 가. 특히 신선도가 중요하고, 규격화되지 않은 것은 직접 챙겨야 하지. 조개나 오징어, 고등어 같은 생선들은 철에 따라, 시장 상황에 따라 재료의 신선도가 아주 다르거든. 가급적 요리사가 직접 장을 보는 게 좋아. 음식의 재료를 손수 골라야 최적의 것을 최적의 상태로 유지할 수 있을 거 아냐? 그래야 가장 좋은 음식을 만들 수 있지. 장을 직접 볼 수 없는 상황이더라도 가끔은 시장에 나가서 요즘에는 뭐가 좋은지 익혀 두어야 훌륭한 요리사라고 할 수 있겠지.

● 좋은 식재료를 구분하는 노하우가 있으세요?

비싼 걸 사면 돼.(웃음) 자본주의 사회는 물건의 가치가 가격에 반영되잖아. 대부분 그래. 자본주의 사회에서 질 좋고 싼 건 구하기 힘들어. 지금처럼 가격이 공개된 세상에서는 특히 그렇지. 간단히 얘기하면, 비싼 게 좋은 거야.

그러나 식당에서는 재료를 싸게 사서 이익을 많이 남기는 게 원칙이잖아? 그러다 보니 질 좋은 물건을 얼마나 싸게 사느냐가 관건이야. 좋은 재료를 싸게 사는 첫 번째 방법은 직접 가서 눈으로 보고 고르는 거야. 그러려면 시장에 대해서 잘 이해하고 있어야 하지. 제일 좋은 건 믿음직한 거래처를 확보하는 거야. 거래처와 친하게 지내는 것도 중요해. 사람을 잘 사귀면 같은 가격이라도 더 좋은 재료를 받을 수 있어. 아는 사람한테는 좀 더 잘해 주게 마련이잖아. 인간관계를 돈독하게 하는 것이 넓게 보면 좋은 재료를 구하는 방법이라고 할 수 있어.

또 다른 하나는, 좋은 재료를 알아보는 눈을 키우는 거야. 겉으로 봤을 땐 싱싱해 보이더라도 하루 이틀 지나면 어떻게 될지 전혀 모르거든. 예를 들어 배추는 오래된 거라도 겉잎을 몇 장 떼 내면 속은 싱싱해 보여. 그러나 실은 이미 맛이 상당히 나빠진 거거든. 원래의 겉잎이 충분히 붙어 있는 상태인가를 알아보는 것, 이런 노하우를 익혀야 하지. 조개는 주름이 선명해야 하고, 고기는 선홍색이어야 하고…… 그리고 제철 재료를 주로 이용하려는 노력이 필요해. 제철 재료는 대개 품질이 좋거든.

● 좋은 재료를 구하는 일이 그렇게 중요한가요?

요리는 8할이 재료야. 좋은 재료로 맛없는 음식을 만들 수는 있지만, 나쁜 재료로 좋은 음식은 절대 못 만들어. 나쁜 재료는 방법이 없어.

사람이 음식에 대해서는 몹시 보수적이거든. 자기 입에 들어가는 거니까. 예를 들어 1만 원짜리 옷을 샀는데 불량이라고 해 봐. 그래도 사람들은 조금 지나면 잊고 말아. 그런데 5,000원짜리 찌개에서 철 수세미가 나오면 어떨까? 사람들은 엄청나게 분노해. 음식이란 것이 자기 몸과 직접 연결되는 거라, 맛이 없거나 질이 나쁘면 화가 나게 마련이야.

그래서 사실 요리를 한다는 것이 참 까다로운 일이야. 옷은 불량품을 입어도 안 죽어. 하지만 음식은 잘못 먹으면 건강을 해칠 수도 있고, 심하면 죽을 수도 있잖아. 그래서 사람들이 음식에 있어서는 예민해.

● 선생님이 일하시는 식당에는 하루에 손님이 얼마나 오나요? 특히 바쁜 시기가 따로 있나요?

우리 식당은 큰 편이어서 손님 수도 많아. 저렴한 점심 메뉴가 있기 때문에 아무래도 저녁보다 점심에 손님이 많은 편이야. 그러나 저녁에는 중요한 약속과 모임이 많고, 손님들이 식비를 넉넉히 잡고 오기 때문에 매출 비중이 더 크지. 그리고 주중에는 보통 약속이 몰려 있는 목요일과 금요일에 손님들이 많고, 토요일은 한가한 편이야.

식당마다 사정은 대개 비슷해. 일 년을 기준으로 보면 연말에 가장 손님이 많아. 여러 약속이 몰리기 때문이지. 우리 같은 양식당은 크리스마스와 밸런타인데이 같은 때 붐비는 게 특색이야.

● 식당에서는 왜 음악을 트나요?

식당이 단지 음식만 파는 건 아니잖아. 식당에는 음식 말고도 여러 가지 부속물이 있어. 테이블과 의자의 가치, 냅킨의 질, 메뉴판의 디자인, 실내 디자인, 가게 이름 등등이 하나의 식당을 구성하는 요소들이지. 많은 손님이 식당을 찾게 만들기 위해 신경 쓰는 요소 중의 하나가 음악이야. 분위기에 맞는 음악은 사람들이 좀 더 즐겁고 편안하게 식사를 하게 만들지.

점심은 가볍게 먹는 편이니까 음악도 경쾌하고 신나는 것으로 하고, 저녁에는 우아한 음악을 틀어서 좀 더 품위 있는 자리를 만들어 주면 좋겠지. 모차르트 음악을 들으면 경쾌해지고, 힙합을 들으면 흥이 나고, 클래식을 들으면 침착해지고…… 음악은 식사를 하는 데 중요한 환경을 조성해 주지.

그래서 전문 식당의 경우에는 음악도 함부로 고르지 않아. 비용을 치르고 외부에 음악을 골라 달라고 맡기기도 해. 내가 일하는 식당도 디스크자키가 선곡해 준 음악을 틀고 있지. 돈을 주고 디스크자키의 노하우를 사는 거야. 그만큼 음악을 중요하게 생각하는 것이고.

● 술 취한 사람이 식당에 와서 행패를 부릴 때는 어떻게 해요?

맞아, 그런 경우 있어. 내가 예전에 일했던 식당은 술만 마시러 오는 손님들도 받았어. 그러다 보니까 밤에 취해서 행패 부리는 사람이 있더라고. 한번은 밤에 취한 손님이 와서 홍합 요리를 주문했어. 홍합이 떨어졌다고 하니까, 막 행패를 부리더라고. 계속 삿대질하고 욕을 해서 나도 같이 욕하면서 쫓아냈어. 사실 이 업계가 거칠어.(웃음)

● 손님을 접대하는 일도 쉽지는 않을 것 같아요.

우리나라 사람들은 확실히 서비스업이 잘 안 맞는 것 같아. 웃는 것도 진짜 어색하고 말이야. 훈련을 해도 정형화되고 계량화된 서비스는 잘 못하는 것 같아.

그런데 서양 사람들은 웃으면 입이 귀에 걸릴 정도야. 대충 뭉개는 거 없고, 돈 낸 만큼 정확히 서비스를 해 주지. 그러다가도 손님이 과도하게 요구하면 경찰을 부르거나 쫓아 버려. "너 때문에 다른 손님에게 갈 수 있는 서비스가 망가진다"는 논리야.

서양 사람들은 돈에 따라 손님 접대하는 게 철저해. 한국 사람은 무뚝뚝해도 인간적인 면이 있는데 말이야. 이탈리아에서 일할 땐데, 내가 보기엔 도대체 저런 손님을 왜 받나 싶을 정도로 이상한 손님이 왔어. 그런데도 비싼 와인을 시킨다는 이유로 잘 대해. 사실 큰돈 남는 손님도 아닌데, 그걸 가치 있게 평가하더라고. 그런데 돈도 안 되고 피곤한 손님이 들어오면, 문 확 열고 "안녕히 가세요" 하고 인사해 버리지. 나가라는 거야.

그런데 우리나라는 질 나쁜 손님이 와서 행패를 부려도 웬만하면 참는 편이야. 무뚝뚝하긴 해도 그런 건 또 잘 참아. 특히 호텔 같은 데서는 더 심하지. 요리사는 주방에서 일하느라 손님을 직접 보지 않으니까 스트레스가 좀 덜하긴 하지만, 음식을 계속 퇴짜 놓고 그러면 피곤하지.

결국은 얼굴을 맞대고 진심으로 얘기해야 하는 것 같아. 미안한 경우가 생겼을 때는 손님에게 진지하게, 진심으로 얘기하고 보상을 하면 이해하는 것 같아.

● 손님이 요리 맛에 대해 이러쿵저러쿵 이야기를 하면 기분이 어떠세요?

물론 기분 나쁠 때도 있지만, 도움이 될 때도 있어. 남들이 내 음식을 어떻게 평가하는지 객관화 과정을 거치는 거야. 같은 음식을 계속 만들다 보면 이게 맛있는 건지, 짠지, 싱거운지 무뎌지는 경우가 있어. 그럴 때 손님을 통해서 알 수 있지. 하지만 내가 자부심을 갖고 있는 부분에 대해서 손님이 그건 아니라고 얘기하면 기분이 나쁘지.

그렇지만 손님이 나한테 불평하는 것은 좋은 거야. 불평하지 않는다는 건 무관심하다는 뜻이거든. 요새 블로그에 음식에 대한 이야기가 많이 오르는데, 대부분 좋은 얘기만 써 주더라. 하지만 난 불평하는 손님이 있으면 고맙다고 생각해. 다만 그 불평을 받아들여 발전하는 계기로 삼는 능력이 필요하겠지.

● 기억에 남는 손님이 있으세요?

홍합 떨어졌다고 행패 부린 손님.(웃음) 좋은 손님도 많아. 내가 일하는 식당을 옮겼는데, 2년 만에 거기까지 찾아오신 손님도 있어. 비싼 요리 시켜 주신 손님도 기억에 남지.(웃음) 그리고 이탈리아 요리에 관심이 많아서 나와 이런저런 이야기를 나누었던 손님들도 기억에 오래 남아.

멀리서 내 요리를 먹어 보겠다고 찾아오는 손님들도 꽤 있어. 언론이나 인터넷, 책 등을 통해 나와 내 식당 정보를 알고 오는 분들이지. 그런 분들에게는 참으로 송구하고 고마울 따름이야. 또 요리사를 꿈꾸는 어린 학생들도 찾아오는데, 그럴 때는 바빠도 시간을 내서 설명을 해 주고 있어.

연예인을 비롯한 유명 인사들도 많이 보게 되는데, 그런 분들은 아무래도 기억에 더 남게 돼. 재미있는 건, 배용준 씨가 한 번 다녀가니까 일본인 팬들이 그 뒤에 많이 찾아오더군. '욘사마가 식사한 곳'이라고 일본에 널리 알려졌다고 해. 그런데 그분들은 배용준 씨가 앉았던 자리에는 잘 앉지 않아. 멀리서 그 자리를 바라보며 식사를 해. 특이하지?

_3_

요리사 박찬일이 궁금해요

● 왜 요리사가 되셨나요?

나는 보통의 요리사들과는 다른 경로를 거쳐 요리사가 되었어. 원래 잡지사 기자 생활을 했는데, 적성에 잘 안 맞는다는 생각이 들더라고. 더 늦기 전에 직업을 바꾸자고 생각을 했지. 어려서 진로를 택할 때는 비교적 고민이 적을 수가 있지. 왜냐면 대학의 전공을 정하면 거기에 따라 직업도 맞추어 가는 경우가 많잖아. 하지만 나는 직장 생활을 하다가 뒤늦게 요리를 하려고 했으니, 진지하게 고민할 수밖에 없었어.

그러면 왜 요리사냐? 내가 어려서부터 음식 먹는 데 좀 까다로운 편이었어. 성효가 아까 샤프심 통을 개조해 샤프 만든 것 보여 줬지? 이런 데에서 성효의 미래 모습을 엿볼 수 있다고. 예를 들어 뭔가 주무르고 만드는 기계공학자가 될 가능성도 보이고…… 물론 요리사도 그런 것과 연관이 있지. 요리사도 손으로 창조해 내는 사람이니까.

내 어릴 적 이야기를 하다가 말이 샜구나. 나는 어려서부터 요리에 대해서는 까다로워서, 음식이 비위생적이거나 맛이 없거나, 서비스가 비인간적이거나—밥을 먹고 있는데 다음 손님을 막 들여보내서 식탁 옆에 세우는 경우도 있잖아. 빨리 먹고 나가라고 압박하는 거지. 사무실 밀집 지역에는 그런 식당이 많거든—하는 걸 못 참았어. 저건 아닌데, 이렇게 하면 좋을 텐데, 하다 보면 내가 해 볼까 하는 마음이 생기잖아. 내가 만들면 이것보다 낫겠다, 이런 생각이 드는 거야. 지금 생각해 보면 건방진 생각이었지만.

기자 일은 내가 오래 할 수 있는 게 아니라는 생각이 들면서, 그럼 내가 뭘 할 수 있을까? 요리? 이렇게 관심을 가지게 된 거야. 요리사가 되기로 결심했을 때 나는 이미 결혼한 상태였지. 그리고 아이가 생긴 뒤 잡지사를 그만두고 요리사가 되기로 마음을 먹었어. 다행스럽게도 지금 밥을 먹고 있는 걸 보면 실패한 것 같지는 않아.(웃음)

● 어느 때 요리사라는 게 뿌듯하게 느껴지세요?

월급 많이 받아서 아내가 좋아할 때.(웃음) 농담같이 얘기했지만, 그것도 사실이야. 그리고 지금처럼 인터뷰할 때. 방송이나 신문, 잡지에 나오면 훌륭한 사람처럼 보이잖아. 내가 만일 대기업에 다녀서 부장쯤 되었다고 해 보자. 인터넷에 '○○그룹 박찬일 부장' 하고 검색을 해 봐도 하나도 안 나오거든. 그런데 '요리사 박찬일'은 1,000개쯤 나와. 그런 것도 좋잖아? 좀 더 유쾌하게 살 수 있지. 매너리즘에 빠져 사는 걸 피할 수 있고.

일반 회사원들은 직장을 옮긴다는 게 큰 부담이야. 새로운 환경에 적응한다는 게 쉽지 않거든. 대부분의 직업은 되도록 한 직장에서 은퇴할 때까지 다니는 게 여러 모로 유리해. 그런데 요리사들은 그런 게 별로 없지. 외국에서 일할 수도 있고, 이 식당 저 식당 옮길 수 있고, 지방에서도 일할 수 있고. 그런 게 꼭 좋다고만 말할 수는 없지만, 인생을 능동적으로 살 수 있다는 면에서는 좋다고 봐.

또 요리를 할 때는 엔도르핀이 나오는 것 같아. 뜨거운 불 앞에서 힘차게 프라이팬을 돌리거나, 몸이 확 타오를 것처럼 뜨거운 그릴 앞에서 땀을 뚝뚝 흘리면 정말 개운해져. 밀려드는 주문을 척척 처리하고, 그 일을 마쳤을 때 해방감과 함께 희열을 느껴. 그런데 그런 일이 거의 날마다 있으니까 얼마나 좋아? 노동자는 성취를 했을 때 노동의 가치를 값지게 느끼게 마련인데, 요리사는 그 성취동기가 분명하고 사이클이 짧아서 자주 느낄 수 있잖아. 일반 회사원이라면 대개 한 달이나 몇 달 단위로 목표를 세우고 일을 하지. 그기간이 끝나야 일의 성과를 확인할 수 있어. 그러나 요리사는 그날그날 목표를 세우고, 목표를 위해 뛰고, 바로 결과를 확인할 수 있어. 그러니 더 짜릿하지.

● 요리사가 된 걸 후회하신 적이 있으세요?

많지, 엄청 많아. 그러니까 이런 거야. 소방대원들 보면 멋있잖아. 활활 타오르는 불 속으로 용감하게 뛰어들어 사람을 구하는 모습을 보면 대단하고, 그 모습에 반해서 소방대원이 되겠다고들 생각하지. 경찰도 범죄자를 잡고 어려운 사람을 도와주는 모습이 참멋있잖아. 그렇지만 실제로 그 일을 직업으로 삼고 보면 밖에서 봤던 것과는 다른 면들이 참 많아. 권태로울 수도 있고, 따분할 수도 있고, 그다지 정의롭지 않은 경우도 있을 수 있지. 겉보기에는 멋있었는데, 직접 겪어 보니 육체적으로 정신적으로 너무 힘들어서 나와 안 맞을 수도 있고.

요리사도 마찬가지야. 신문이나 방송에서 하얀 제복을 멋지게 차려입은 요리사 많이 봤지? 하지만 실제로는 딴판이야. 하얀 제복은 없고 피 칠갑이 된 옷만 있어. 초보 때는 지저분한 음식 쓰레기나 버려야 하고 말이야. 피도 튀고 오물도 튀고, 온갖 비린내가 배고, 땀으로 흠뻑 젖고…… 멋있게 폼 잡고 일하는 건 거의 없다고. 그런 건 드라마에나 나오는 엉터리 허상일 뿐이지. 나는 남들보다 늦게 요리사가 되기로 결심했기 때문에 요리사에 대한 허상을 상대적으로 덜 가진 편이야. 그래도 똑같더라. 생각했던 것과 다르고 고통스러워서 힘들었던 경우가 많아.

실제로 모든 직업은 겉에서 보는 것과는 다른 내밀한 세계가 있지. 고통스러운 단계가 있다고. 그걸 겪다 보면 내가 왜 이걸 택했을까 하는 생각이 들게 마련이야. 그건 요리사뿐 아니라 어떤 직업이든지 마찬가지야.

● 집에서도 선생님이 직접 이탈리아 요리를 해서 드세요?

누가 이런 우스갯소리를 하더라. "왜 요리사는 집에서 요리 안 하느냐?"고 물었더니 "의사가 집에서 수술하는 거 봤냐?"고 받아치더래.(웃음)

하고 싶지만 거의 못 해. 핑계라고도 할 수 있겠지만, 시간이 좀처럼 안 나. 요리사 일이라는 게 주 40~50시간 일하는 직장인들과는 좀 다르잖아. 요리사들은 하루에 길면 12, 13시간, 짧아도 10시

간씩은 일해. 주 5일 근무도 거의 없고, 대부분 주 6일 정도 일하다
보니까 집에서 요리할 시간이 없어. 그래도 가끔씩 피자나 간단한
파스타 정도는 만들어.

● 선생님도 외식을 자주 하시나요?

좋은 요리사는 좋은 음식을 많이 먹어 봐야 돼. 좋은 음식을 못
먹어 본 사람이 어떻게 좋은 음식을 만들겠어? 책이나 영상으로 배
워서 요리를 하는 데에는 한계가 있어. 냄새와 맛이 없잖아. 어렸을
때부터 맛있는 요리를 먹어 온 사람이 맛있는 요리를 만들 가능성
이 높대. 먹어 본 맛을 그대로 구현하려고 할 거 아니야?

맛없는 식당에서 일하던 사람들을 뽑아서 써 보면 음식을 맛없게 만들어. 맛이 어떠냐고 물어보면 잘 모르겠대. 자기는 그게 맞다고 생각하고 만든 거래. 그래서 맛있는 요리를 먹여 주면, 맛있다고 해. 그러면 그 맛이 나오도록 만들라고 시키지. 이처럼 맛있는 걸 많이 먹어 볼수록 좋은 요리사가 되는 데 전적으로 유리해. 『기드 미슐랭』(Guide Michelin, 프랑스의 타이어 회사 미슐랭이 발간하는 음식점 평가지로, 세계적으로 권위를 인정받고 있다. 영어로 읽으면 '미쉘린 가이드'이다)에서 높은 점수를 준 최고 음식점들을 보면 손님 가운데 상당수가 요식업에 종사하는 사람들이야. 우리 식당에도 간혹 그런 사람들이 와. 그런 사람들은 딱 티가 나지.

먹어 본 걸 흉내 내는 게 요리의 시작이야. 김치찌개를 처음으로 끓인다면 엄마가 끓여 주었던 맛있는 김치찌개를 흉내 내겠지. 그렇게 끓였는데 그 맛이 안 나면 엄마한테 "엄마, 어떻게 하면 그런 맛이 나요?" 하고 묻는 거야. 그럼 엄마가 "비계가 있는 싱싱한 돼지고기를 넣어야 돼."라고 하면 그제야 아는 거야. 다음번에는 더 좋은 맛을 낼 수 있을 테고.

그래서 나는 가급적이면 외식을 많이 하려고 해. 패스트푸드 식당에도 가. 젊은 사람들이 왜 그 맛에 열광하는지 알아야 하니까. "내가 만든 클래식한 파스타보다 왜 패스트푸드를 더 좋아할까?" 그걸 알아야 전략을 짜서 대처를 하지. 훌륭한 음식점에도 가서

"이 요리사는 어떻게 이런 요리를 만들었을까? 뭘 넣었을까?" 하고 깊이 생각해. 단순히 음식 맛만 보는 게 아니라 서비스나 분위기도 봐. 다른 식당의 손님이 되어 음식을 먹어 보면 내 요리에 대해서 좀 더 확실하게 알게 돼.

기자 생활을 할 때 취재차 외국에 많이 돌아다니기도 했는데, 그런 경험도 큰 도움이 돼. 얼마 전엔 뉴칼레도니아에 가서 그곳의 토종 요리도 먹고, 유행하는 요리도 먹어 보면서 많이 배웠어. 최고 요리사들도 다른 식당에 많이 가서 먹어 보고 영감을 얻은 뒤 자기 요리에 반영하곤 해. 세계 최고로 손꼽히는 요리사 가운데 피에르 가니에르(Pierre Gagnaire)라는 프랑스 사람이 있어. 그가 한국에 식당을 열었는데, 김치 요리를 메뉴에 넣었더라고. 요리법은 우리가 보통 먹는 것과 다르지만 말이야. 이런 식인 거지.

● 가장 만들기 힘든 요리는 무엇인가요?

가장 단순한 요리가 가장 만들기 힘들어. 한식을 예로 들면 콩나물국이나 물국수 같은 거 말이야. 이런 건 못 만들면 표시가 확 나거든. 사실 잡탕 찌개 같은 건 쉬워. 이것저것 섞다 보면 대충 맛이 나. 그래서 엠티(MT) 가서 끓여 먹는 찌개는 누가 만들어도 맛있어. 그런가 하면 밥 잘 짓기가 어렵다고 하잖아. 단순한 요리가 어려워.

파스타의 경우도 오일로 만드는 간편한 요리는 솜씨가 다 드러나. 오일과 조개가 주재료인 봉골레 파스타 같은 경우 조개가 확 벌어져서 맛을 내야 하는데 자칫 잘못하면 영 엉터리가 돼. 샐러드의 경우도 오일하고 식초나 레몬을 섞은 간단한 드레싱 만드는 게 까다로워. 배합이 조금만 이상해도 안 돼. 그런 건 미리 해 놓을 수도 없고 주문이 들어올 때마다 바로바로 해야 하는데, 그게 참 어려워. 배합 비율이야 책에 다 나와 있지만, 버무리는 강도에 따라 맛이 달라져.

고기 굽는 것도 쉬울 것 같지만 의외로 까다로운 구석이 있어. 고기의 모양도 다르고 지방 함량도 다르고, 숯의 온도도 그때그때 다르기 때문에 노하우와 경험이 중요해. 구울 때마다 신경 써야 하는데, 그래도 만족스럽게 안 나오는 경우가 많아. 또 디저트도 어렵지. 아주 정확한 조리법을 따라야 하는데, 그게 쉽지 않거든.

● 요리 창작은 어떻게 하세요?

이런 말이 있어. "하늘 아래 새로운 게 없다." 인류의 역사라는 게 몇 만 년에 걸쳐 수없이 많은 사람들이 일구어 가고 있는 거잖아? 그러다 보니 무엇을 하든 간에 사실 이미 누군가가 해 봤던 거라고. 완전히 새로운 창조라는 건 정말 드물어. 우리가 무엇을 창조

©백다흠

하더라도 처음부터 온전히 혼자서 만들 수는 없어.

요리를 창작하는 일도 이미 만들어진 것을 얼마나 적절하게 다시 조합하느냐 하는 문제야. 축구를 보면 공격 루트나 수비 방법이 다 나와 있잖아. 그런데 거기서 약간 틀어서 허를 찌르고, 발상을 다르게 해서 새로운 조합의 축구 전술을 쓰면 상대가 당해. 창의적이라는 게 이런 공격 전술 같은 거야. 이미 다 나와 있는 것을 새롭게 조합하는 거야.

그런데 그게 정말 쉽지 않아. 고추에 생크림을 섞어서 케이크를 만든다고 해 보자. 우선은 맛있어야 하고, 값도 적당해야겠지. 그렇게 새로운 케이크에 손님이 어떻게 반응할지 치밀하게 계산해야 돼. 그 밖에도 그것이 팔리려면 여러 조건을 충족해야 돼. 예를 들어서, 새로 창작한 요리를 만드는 데 석 달이 걸린다고 하면 무의미하잖아. 고객을 상대로 하는 요리는 만드는 데 3시간이 넘게 걸리면 곤란해. 보통 손님들은 주문을 하고 나서 20분 안에 서빙 받기를 기대하지. 또 재료를 쉽게 구할 수 있어야 해. 구하기 힘든 재료로 만든 요리는 보급이 잘 안 되지. 파, 감자, 오징어처럼 어느 시장에서나 살 수 있는 흔한 재료로 만들 수 있어야 널리 보급할 수 있고 요리로서 의미가 있어.

이렇게 창조라는 건, 머리로 그려 보는 것은 어렵지 않아도 실제로 구현하기까지는 무지하게 많은 장애 요소들이 있어. 그러니 창의적인 걸 잘하는 사람을 보면 정말 놀랍지. 나는 그런 사람을 보면 무척 훌륭하다고 생각해.

그런데 더러 창의적이지 않은 걸 창의적이라고 하는 경우도 있더라. 세계 요리 대회에서 우승했다는 요리 가운데에도 별로 창의적이지 않은 경우가 있어. 왜냐면 팔 수 없는 요리거든. 팔 수 없는 요리는 요리가 아니라고 생각해. 그건 집에서 가족들하고나 먹을 수밖에 없잖아. 창의적인 요리는 맛만 좋아서는 안 되고, 모양도 예뻐야 하고, 누구한테나 인정받을 수 있고, 팔 수 있어야 하기 때문에 만들기 어려워.

요리사가 창의성을 기르려면 요리만 들여다봐선 안 돼. 다방면에 관심이 있어야 해. 책을 많이 읽고, 다른 사람의 얘기도 잘 듣는 사람이 더 훌륭한 요리사가 되더라. 칼질이 능한 요리사는 일정한 단계까지는 이르지만, 그것만으로는 최고의 요리사가 될 수 없어. 엉뚱한 데 호기심이 많은 사람이 의외로 성공할 수 있어. 창조적인 사람들은 일정한 패턴을 따라 흘러가는 걸 거부하고 사물을 다른 시선으로 봐. 그런 사람들이 요리도 재미있게 하고, 특이한 발상을 많이 내놓지.

● 선생님은 현재 요리사로서 어느 단계에 와 있다고 생각하세요?

일반적으로 볼 때 10년이면 프로라는 말을 들을 수 있고, 15년은 해야 달인이 되고, 20년은 해야 진정한 경지에 오를 정도가 되지 않을까? 어떤 직업이든 대체로 그럴 거야. 물론 그렇게 해도 못하는 경우도 있지만, 열심히 노력한다는 전제 아래 그렇게 말할 수 있을 것 같아.

내가 요리사가 된 지 한 10년 됐으니, 아직 멀었지. 10년을 해도 지지리 못하는 요리사도 있어. 그래도 내가 만든 파스타는 먹을 만했지? 다행이야.(웃음)

● 존경하는 요리사가 있으면 소개해 주세요.

요새 텔레비전에 자주 나오는 제이미 올리버(Jamie Oliver)나 고든 램지(Gordon Ramsay)도 훌륭한 요리사야. 왜냐면 대중들이 요리를 더 많이 사랑하도록 만들어 준 사람이니까. 그런데 이런 사람들은 '인정'한다는 거고, 아무래도 '존경'이라고 하면 내가 직접 겪은 사람들을 떠올리게 돼. 나는 역사적 인물을 존경한다는 사람을 보면 잘 이해가 안 될 때가 있어. 책 몇 권 읽는 것으로는 그 사람을 충분히 알 수가 없잖아. 내 경우는 직접 겪어서 그 사람을 충분히 알게 되었을 때 존경심이 생기거든.

그런 기준으로 봤을 때 내가 존경하는 요리사들이 여럿 있지. 요리 학교에서 나를 가르쳐 주었던 선생님 두 분, 내가 시칠리아에서 실습할 때 주방장이었던 주세페 바로네, 한국에 돌아와서 만나고 겪었던 요리사 선후배들……

중국 음식 요리사 가운데에 존경하는 분 이야기를 해 줄게. 중식 요리사들은 무쇠팬을 흔들어야 해. 고리처럼 생긴 작은 손잡이를 천으로 잡고, 엄청나게 센 불 위에서 순식간에 음식을 볶지. 양식이나 한식처럼 가볍게 움직이는 게 아니라, 힘을 많이 쓰면서 쓱쓱 볶아야 해. 그런데 그 팬이 엄청 무거워서, 5킬로그램 정도 나가. 거기에 10인분의 재료가 한꺼번에 들어가고, 기름도 한 국자 들어가. 그걸 센 불에 빨리 볶아야 하니까 팔 힘이 엄청 세야 하지. 내가 존경하는 그분은 몸이 비쩍 말라서 55킬로그램밖에 안 나가. 그런데 요리를 하는 왼쪽 팔뚝은 엄청 두꺼워서, 오른쪽보다 두 배 가까이 굵어. 그 팔뚝을 보는 순간 존경심이 생겼어. 난 그런 분들이 존경스러워. 한 분야에 도가 튼 사람.

초밥왕으로 불리는 안효주 요리사는 내가 만나 본 적은 없지만, 만나면 존경하게 될 거야. 초밥을 만드는 기술만 보고도 감동을 하게 돼.

강레오라는 후배 요리사가 있는데, 나는 그 친구의 기술도 존경해. 테크닉이 매우 훌륭해. 나는 그 친구가 우리나라 양식에서는 기술적으로 최고라고 생각해. 엄청난 노력을 기울여야 경지에 이른 기술이 나오는 거거든. 한 분야에 매진해서 경지에 이른 모습을 보면 존경심이 절로 생기지.

그래서 멋지고 성공한 요리사보다 생활 속에서 단련된 요리사, 집념 있는 요리사, 테크닉이 뛰어난 요리사를 존경해. 인품이 뛰어난 요리사는 별로 존경하지 않아. 그런 분은 인간으로서 존경하는 것이지, 요리사로서 존경하지는 않아. 요리사는 무엇보다 요리를 잘해야 돼. 성질이 아주 더럽고 못된 외과 의사라도 수술을 잘한다면 인류에게는 보탬이 되잖아. 요리사도 마찬가지야. 인품이 아무리 훌륭해도 요리가 맛이 없으면 꽝이야. 많은 사람들이 그 요리를 먹고 행복해지는 게 중요하잖아. 나도 그런 요리사가 되려고 노력해. "우선 요리를 잘하자." 그게 중요하다고 생각해.

● 요리사들은 휴일이 얼마나 되나요?

요리사는 일을 위해 개인 시간을 반납해야 해. 주방에서 시간을 보내는 걸 즐거워해야 하지. 그걸 희생이라고 생각하면 안 돼. 주 5일 근무도 거의 없어. 유럽이나 일본 요리사들 보면 우리보다 일하는 시간이 훨씬 더 길어. 한 달에 하루 쉬고 일하는 경우도 많지. 중국 요리사들도 무섭게 일하지.

내가 일하는 식당의 경우가 표준이라고 보면 돼. 주 6일 근무하고, 주당 60시간 정도 일해. 긴 편이지? 쉬는 날은 주 1회 정도이고, 한 달에 월차가 한두 번 정도 있어. 호텔 같은 경우는 이보다 20~30

퍼센트 정도 근무 시간이 짧아.

● 휴일에는 어떻게 지내세요?

식당 일이라는 게 육체노동이 기본이기 때문에 휴일에는 그냥 자. 내 뇌에는 기본적으로 잠이 이만~큼 있어. 아이가 있으니까 쉬는 날에는 함께 뭐라도 하고 싶은데, 잘 못 해. 아이랑 교류할 시간이 적어서 안타깝지.

유럽의 경우 결혼한 요리사들은 대개 집이 식당 근처에 있어. 집이 가까우니까 낮에 한두 시간씩 틈이 생기면 집에 가서 밥 먹고 아이랑 놀고 오고 그러지. 그리고 유럽 사람들은 휴가는 확실하게 챙기니까, 바쁜 시즌에 바짝 일한 뒤 한 달 정도 확 몰아서 휴가를 가. 아마 우리도 점점 그렇게 될 거야. 10년 전에는 요리사 생활이 지금보다 훨씬 열악했는데 조금씩 나아지고 있으니까.

_4_

요리사가 되는 길을 알려 주세요

● 요리사가 되기 위한 교육 과정으로는 어떤 것들이 있나요?

크게 두 가지야. 요리 관련 대학이나 학원 등을 나와서 취업하는 경우와, 그냥 식당에 취업해서 기술을 배우는 경우가 있어. 무엇이 좋다고 할 수는 없고 각각 장단점이 있지.

조리학과에 가면 체계적으로 요리를 배울 수 있다는 장점이 있어. 단점으로는 아직 한국 대부분의 조리학과 과정에서 실무에 적합한 능력을 그다지 잘 길러 주지 못한다는 거야. 그건 일반 학과들도 가지고 있는 문제이긴 하지. 학원은 학교에 비해 과정이 짧고 비용이 적게 드는데, 역시 충분하게 배우는 데는 크게 부족한 편이야.

그래서 이런 과정을 거치지 않고 곧바로 식당에서 도제식으로 일을 배우는 경우도 있어. 그만큼 사회에 일찍 진출했으니 경력 등에서 유리하다는 게 장점이고, 단점은 일을 배우는 식당의 사정에 따라 개인의 능력을 키우는 데 차이가 생긴다는 점이지. 이런 점은 조리학과나 학원 등을 나와 취직하더라도 마찬가지이긴 해.

이 밖에 유학을 가는 경우도 있어. 요즘 요리를 배우러 전 세계로 나가고 있는데, 가장 많이 가는 곳은 일본, 미국, 이탈리아, 프랑스, 호주, 중국 등이야.

● 요리사가 크게 한식, 일식, 중식, 양식 네 가지로 나뉘잖아요. 언제, 어떤 기준으로 진로를 선택하나요?

조리학과에 다니면 보통 1학년을 마치고 2학년 올라갈 때 선택을 하지. 선택의 기준은 자기가 무얼 하고 싶은가 하는 거야. 난 조리학과를 나오지는 않았지만, 조리학과 나온 친구들에게 물어보면 그렇게 답하더라고. 그러니까 대부분 폼 나는 양식을 택하는 거야. 학교 안에 적성을 엄밀하게 분석해 주는 도구가 있다면 모르겠지만, 그러지 못하니까 자기가 하고 싶은 길로 가는 거지. 요식업이 충분히 발달해야 너의 적성은 이렇고, 너는 뭘 선택하는 게 좋겠다는 조언도 나올 수 있겠지. 그런데 아직 그런 단계까지는 올라가지 않았어. 하지만 성효가 자라서 조리 교육을 받을 때는 분명히 달라질 거야.

● 조리사 자격증은 어떤 건가요?

우리나라의 조리사 자격증 제도는 한국산업인력공단에서 실시하는데, 초보적인 거야. 일반인들도 조금만 배우면 누구나 딸 수 있지. 자격증이 있어야만 취업할 수 있는 건 아니야. 조리학과 학생들은 기본적으로 다 따기는 해. 나중에 외국에 갈 일이 있다면 자격증으로 조리사라는 걸 증명할 수 있는데, 자격증을 딴 시점부터 조리사 활동을 한 것으로 인정을 받지. 그래서 미리 따 놓을수록 좋아.

● 요리 유학을 가려면 어떤 준비를 해야 하나요?

나라마다 많이 달라. 대부분의 경우에는 비자를 받아야 하지. 영국, 프랑스, 일본, 이탈리아 등 우리나라 사람들이 유학을 많이 가는 나라들은 대부분 비자를 요구해. 공부를 하기에 충분한 경제력과 능력을 갖춰서 그 나라에서 문제없이 배우고 가겠다는 걸 입증하는 거야. 그에 따른 준비 서류들이 있지. 비자를 받으려면 보증인이 필요한데 그건 대부분 부모님이 해 주시고, 그 나라에서 학업을 마칠 동안 생계를 유지할 수 있다는 것을 증명해 줄 만한 통장의 잔고가 필요해.

특별한 경우가 아니라면, 그리고 본인의 의지가 있다면 유학은 대부분 갈 수 있어. 학교에 따라 언어 능력을 요구하는 경우가 있으니까 그 나라 언어는 익혀야겠지.

● 유학을 가려면 학위나 자격증 같은 것이 필요한가요?

유학생 비자를 받는 데 특별한 학위는 필요 없어. 고졸 정도의 학력이면 될 거야. 어떤 경우는 조리사 자격증을 요구하기도 해. 한국에서 건실하게 보낸 학생이라면 별 문제 없이 갈 수 있어.

자격증보다는 마음가짐이 더 중요하지. 유학을 가 보면, 그 학교에 전 세계 사람들이 모이는 경우가 많아. 그 사람들 사이에 내가 끼는 거니까 우리나라를 대표한다는 마음가짐이 있어야 해. 체력도 중요하고, 언어 능력도 충분히 쌓아야 하고, 다른 문화의 사람들과 어울릴 수 있는 친화력도 갖추어야 하지. 또 그 사람들이랑 붙었을 때 지지 않을 수 있는 독한 마음도 필요해.

● 어느 나라로 유학을 많이 가나요?

앞서 말했듯이 미국, 영국, 호주 같은 영어권 나라들과 프랑스, 이탈리아 같은 정통 유럽국, 일본과 중국 같은 아시아권이 있어. 일본과 미국으로 많이 떠나는 게 요즘 추세야. 일본과 미국의 공통점은 전 세계의 모든 요리가 다 모이는 나라라는 점이야. 미국에서는 프랑스, 이탈리아 요리를 배울 수 있고, 일본에서는 이들 나라의 요리를 포함해서 일본 요리도 배울 수 있어서 인기야. 그렇지만 해당 요리는 본토에 가서 배워야 한다는 생각으로 프랑스, 이탈리아로 떠나는 경우도 많지.

● 유학을 가면 무엇이 좋은가요?

아무래도 외국 요리를 전문으로 하는 요리사라면 그 나라에 가서 직접 보는 게 중요하겠지. 예를 들어 외국인이 한식을 한다면 한국에 와 봐야 하지 않겠어? 특히 우리가 유학을 많이 가는 곳은 유학생을 가르쳐 본 경험이 풍부한 나라들이야. 그래서 짧은 시간에 해당 나라의 요리를 제대로 배울 수 있다는 장점이 있어. 세계적인 요리 기술과 식당을 직접 보고 배울 수 있다는 점도 매력적이지. 단, 비용이 많이 든다는 게 문제야.

● 이탈리아 요리 학교에서의 생활은 어떠셨어요?

외국인을 위한 이탈리아 요리 학교 ICIF(Italian Culinary Institute for Foreigners) 앞모습과 와인 실습실

안 해 본 일을 하는 거였으니까 육체적으로 힘들긴 했지. 군대 훈련소에 가면 안 하던 일을 하니까 무지하게 힘들거든? 고참 병장이 보기엔 "저게 뭐 힘들어?" 하는 일들이 훈련병에게는 무척 힘들어. 그것처럼 가장 기초적인 요리 과정 — 칼질을 한다든가, 파스타를 삶는다든가, 일식의 경우에는 초밥 재료를 다듬는다든가, 중식의 경우엔 기름을 넣고 세게 볶는다든가, 고기를 다듬는다든가 — 과 같이 전문 요리사가 보면 한심하기 짝이 없는 쉬운 일인데, 요리 학교 시절에는 그게 힘들었지. 스트레스를 많이 받아. 긴장도 바짝 하고. 중학교에 갓 입학한 1학년의 3월 분위기라고 보면 돼. 낯선 환경이어서 긴장도 하고 선생님 말도 잘 듣는 한편, 새로운 아이들을 만나서 사귀려고 노력하고 시끌벅적하게 놀기도 하는 것처럼.

내가 다닌 요리 학교에는 어린 친구들이 많았어. 요리는 어린 나이에 시작하니까. 그래서 나도 같이 유치한 사람이 돼서 유치하게 놀았어. 내가 그전에 무슨 일을 했든 간에 거기서는 다 필요 없어. 같이 유치한 상황에서 노는 거야. 요리 학교 학생들은 부화가 안 된 계란이야. 오로지 껍데기를 깨는 게 목적이잖아. 그러니까 하는 짓도 유치하고 발상도 유치하고, 하여튼 재밌어.

내가 다닌 학교의 경우는 각국의 요리사들이 다 몰려오는 곳이어서 아주 국제적이었어. 일본, 미국, 브라질, 독일 등의 요리사들과 함께 생활했지. 모두들 어느 정도 훈련을 쌓은 요리사들이어서 기술적으로 상당히 배울 것이 많았어. 기억나는 사람들이 여럿 있는데, 그중에서도 미국의 윌리엄이라는 요리사가 특히 생각나. 윌리엄은 미국에서 요리 학교를 졸업하고 이탈리아에 연수를 받으러 왔어. 그래서 기술이 매우 뛰어났지. 그 친구가 맨해튼의 쌍둥이빌딩에서 일한다고 했었는데, 9.11 사태 당시 그 빌딩 안에 있지나 않았는지 걱정돼. 현재 연락처가 없어서 알아볼 방법은 없고……

학교 생활은 몹시 빡빡했지만, 주말이면 모두들 모여 파티도 하고 즐겁게 지냈지. 요리를 하는 친구들이라 마음을 쉽게 열어 좋았어. 그리고 거칠고 단순한 면이 많아서 흥미로운 사고도 많이 터졌지. 늘 숨어서 잠만 자던 친구도 있었고, 학교 커리큘럼에 없던 닭튀김을 만들어 학생들에게 돌려 대환영을 받은 친구도 있었어. 나도 한국식 양념을 한 돼지갈비를 만들어 주었는데, 외국 친구들이 환호성을 지른 일이 기억에 남아 있어.

수업 시간은 매우 흥미로웠지만, 어렵기도 했어. 서양 요리에 대해 너무 몰랐거든. 다양한 종류의 허브를 구별하고, 쇠고기를 부위별로 구별하는 것 등도 중요한 공부였어. 치즈에 대해 체계적으로 배울 수 있었던 점도 좋았지. 물론 파스타는 지겨울 만큼 많이 배웠고. 무엇보다 디저트가 서양 음식에서 아주 중요한 음식이란 것도 알았고.

● 외국에서 요리사로 일하려면 어떻게 해야 하나요?

책에 실리면 좀 곤란한 얘기지만, 사실 나는 이탈리아에서 불법으로 취업을 했었어.(웃음) 물론 합법적으로 취업을 할 수도 있지만, 그러려면 상당히 복잡한 과정을 거쳐야 해. 이탈리아는 다른 나라 사람을 고용할 만큼 일거리가 많지 않아. 그 나라 사람도 일거리를 구하기가 어려운 형편이라, 나 같은 외국인을 합법적으로 채용하려면 까다로운 절차를 거치게 만들어 놨어. 그런데 나를 채용하고자하는 사람이 있었기 때문에 불법으로 취업을 한 거야. 지금은 우리나라도 많이 개선됐지만, 예전에는 법적으로는 안 되지만 말만 잘하면 봐주는 경우가 많았거든. 이탈리아도 좀 그런 편이야. 좋게 말하면 상황에 따라 유연한 거고, 나쁘게 말하면 엉터리지. 내가 이탈리아에서 돌아온 지 7년이 지났으니 지금은 또 바뀌었을 거야.

요리사가 외국에서 취업을 하려면 서양에서는 동양 요리사가 좀 더 유리하고, 동양에서는 서양 요리사가 좀 더 유리해.

중국 베이징에 이탈리아식 요리사나 프랑스식 요리사로 가면 노동 허가를 얻기가 유리하다고 해. 내가 훌륭한 프랑스식 요리사라면 프랑스 사람이 아니더라도 중국에서 노동 비자를 얻기가 수월하겠지만, 만약 중식 요리사라면 중국에서는 취업하기 힘들겠지. 일식이나 한식 조리사 자격을 가지고 있으면 중국에서 취업하기가 유리해.

만일 이탈리아에 간다면 양식보다는 한식이나 중식, 일식 조리사 자격증을 갖고 있는 쪽이 유리하지. 이탈리아 요리를 배웠으면 이탈리아 밖에서 그 기술을 써먹는 게 취업할 때 유리해. 그러니까 외국에서 요리사로 빛을 발하겠다는 꿈이 있다면 그런 측면을 고려하면 좋지.

캐나다 같은 경우는 한식 조리사 자격증을 갖고 있으면 이민 비자를 얻기 쉽대. 우리나라 식당에서도 외국인 요리사를 쓸 때 중국 식당에서는 중국인 요리사를, 일본 식당이면 일본인 요리사를 채용하면 비자가 잘 나와. 하지만 이탈리아 사람이 한국에서 한식 요리사를 한다고 하면 비자가 잘 안 나오지.

● 이탈리아 식당에 가 보면 요리 이름이나 재료 이름이 너무 어려워요. 외국 음식 요리사가 되려면 꼭 그 나라 말을 배워야 하나요?

꼭 이탈리아어를 알아야만 이탈리아 요리를 할 수 있는 건 아니야. 예를 들어 영국 사람이 한국 요리를 하고 싶다고 해서 반드시 한국어를 유창하게 익혀서 요리를 배울 필요는 없어. 요리에 필요한 언어만 배워도 요리는 할 수 있지.

그래도 가능하면 그 나라의 언어를 배우는 게 좋다고 생각해. 언어를 배운다는 건 그 나라의 풍습과 문화, 사람들을 이해하는 방법이잖아. 요리도 문화의 일부이니까, 언어를 알면 요리를 배우는 데도 유리하지.

● 이탈리아 식당에서 일하셨던 경험을 들려주세요.

이탈리아에서 지낸 기간은 3년 가까이 되고, 그 가운데 2년 정도 식당에서 일했어. 다양한 경험을 했어. 조그만 식당에서도 일해 봤고, 큰 식당에서도 해 봤지. 돈을 받고 일한 적도 있고, 돈 안 받고 실습한 적도 있고. 내가 이탈리아 식당에서 일한 이야기는 『지중해

태양의 요리사』라는 책에 자세히 써 놓았어. 『한겨레』에 연재했던 글이니 신문사 홈페이지에서 검색해서 읽어 볼 수도 있고.

이탈리아에서 일을 할 때는 육체노동을 안 하다가 하려니까 아주 힘들었어. 학교를 다닐 때는 그냥 학생일 뿐이니까 실수를 해도 봐주지만, 식당은 그야말로 프로의 세계잖아. 긴장도가 다르지. 말을 잘못 알아들어 실수도 많이 했고 욕도 좀 먹었어. 아침에 출근해서 밤늦게까지 일하는 고된 나날들이었어. 생선을 한번 다듬으면 한 박스씩 해야 하고, 채소를 다듬고 정돈하는 일도 힘들었지. 그렇지만 따스한 이탈리아 사람들에게서 정도 많이 느꼈고, 무엇보다 기술적으로 아주 많이 성장할 수 있었던 시기였어.

외국에서 요리를 배우겠다면 단 몇 년이라도 실습을 하든 돈을 받고 일하든, 직접 일해 보는 게 좋지. 현지에서 오래 배울수록 그 나라 요리의 정수에 다가갈 수 있잖아. 미국 사람이 한식 요리를 배우러 한국에 왔다면 학원이나 학교에 6개월쯤 다니는 걸로 그칠 게 아니라, 2년 정도 한식당에서 일을 배우고 가면 더 잘하겠지. 돈을 받든 못 받든. 이왕이면 돈을 받으면 좋겠지만.

_5_
세계로 향하는 요리사

● 양식의 특징에 대해 설명해 주세요.

　양식은 크게 프랑스식과 이탈리아식 둘로 나뉘어. 프랑스식은
좀 더 테크닉을 중시하고, 이탈리아식은 창의적인 면이 강하다는
특성이 있어. 어떤 것으로 시작해도 상관이 없지만, 나중에 다른 요
리를 더 많이 받아들여서 융합해 보겠다는 생각이 있다면 프랑스식
으로 시작하는 편이 좋을 것 같아. 왜냐면 조리 기법이 더 다양하거
든. 그에 비해 이탈리아 요리는 대체로 조리 시간이 짧고 덜 다양
해. 식당 분위기를 보면, 프랑스 식당은 클래식한 분위기가 많고,
이탈리아 식당은 가벼운 분위기가 많지. 그러니 클래식한 기법 중

심으로 요리를 배우고 싶다면 프랑스식을 택하는 게 좋아.

나중에 전공을 바꿀 수도 있어. 그러나 한식에서 일식으로 바꾸는 건 쉬워도, 한식에서 양식으로, 양식에서 한식으로 바꾸는 건 좀 어려워. 그러니 처음에 선택을 잘해야지.

● 한식, 일식, 중식의 특징을 설명해 주세요.

한식은 한민족이 일상적으로 먹는 음식을 통칭하는 말이야. 한국은 물론이고 북한, 중국의 조선족 자치주 등에서 주로 먹고 있지. 미국과 캐나다, 호주, 일본 등의 교포가 먹는 음식도 한식이지. 한식은 아주 독특한 음식인데, 특별히 가리는 것 없이 모든 재료를 다 사용하고, 절이는 음식이 많으며, 한 상에 모든 요리를 올려놓고 한꺼번에 먹는다는 특징이 있어.

일식은 이미 세계화된 음식이야. 부럽지. 특히 건강식이라는 이미지가 있어서 서양의 부자들은 일식에 대한 경외심이 상당하지. 한식과 비슷하지만 매운 요리가 거의 없고 간장과 맛술, 가다랑어포 등의 양념을 많이 쓰는 것이 특징이야. 맛이 간결하고, 채소 요리가 발달했어. 음식의 다양성 면에서는 한식보다 모자란 듯하다는 게 나의 개인적 생각이야. 그러나 국가가 유명하니까 요리도 크게 인기를 끌고, 널리 알려져 있지.

중식은 재료와 요리법의 다양성에서 세계 최고야. 네발 달린 것 중에선 탁자 빼고 다 먹고, 날아다니는 것 중에선 비행기 빼고 다 먹는다는 우스갯소리도 있잖아. 우리가 한국에서 먹는 중식은 사실 중국에서는 거의 찾아보기 힘든 한국화된 요리야. 자장면도 짬뽕도 중국에는 없지. 중식은 역시 튀기고 볶는 게 많지만 찌고 삶는 요리도 많아. 한국의 중식당에서는 거의 찾아보기 어렵지만.

● 선생님은 이탈리아 요리를 하고 계신데, 이탈리아 요리의 특징은 무엇인가요?

이탈리아 요리는 의외로 우리나라 요리와 비슷한 점이 많아. 우선 모든 재료를 다 먹는다는 점이 닮았지. 미국에서는 소 내장을 사료로 쓰지만, 이탈리아에서는 우리처럼 사람들이 식품으로 즐겨 먹어. 족발 좋아하는 것도 마찬가지이고. 미국에서는 족발을 잘 안 먹잖아. 또 고추, 마늘 등을 무척 즐겨 쓰는 점도 우리와 비슷하지.

이탈리아도 우리나라처럼 반도라서 산에서 나는 것, 바다에서 나는 것을 다 요리에 응용해. 나오는 산물이 무척 다양한데, 그걸 다 요리에 이용하는 거야. 이탈리아는 산지가 전체 국토의 70퍼센트가 넘고(산지 35, 구릉 42), 삼면이 바다와 접해 있어. 그러니 해물도 풍부하고 들판에서 나는 것도 풍부해. 지중해에 접해 있으니까 해물 요리가 발달했고, 산악 지방이 많다 보니까 절임 문화가 발달했어. 그것도 한국과 비슷하지. 해물이나 채소를 소금이나 기름에 절여서 저장해 먹는 문화가 우리와 상당히 닮았어.

이탈리아 요리는 기본적으로 서양 요리잖아. 서양 요리의 특징은 1인분씩 따로 담고, 코스별로 먹는다는 거야. 양식과 한식의 결정적인 차이는 한 상에 놓고 먹느냐 따로 먹느냐에 있지. 중국이나 일본도 어느 정도는 한 상에 놓고 먹어. 완전한 코스 문화가 아니야. 그런데 서양은 한 상에 놓고는 잘 안 먹어.

이탈리아 요리가 다른 서양 요리와 결정적으로 다른 점이 있는데, 바로 국수, 즉 파스타를 먹는다는 거야. 다른 나라도 파스타를 먹기는 하지만 그 나라 고유문화가 아니야. 간편하고 영양가 많은 파스타의 고향은 이탈리아야. 이탈리아만 서양 요리 중에 유일하게 정식 코스에 파스타가 있어. 다른 나라는 빵이나 감자로 탄수화물을 섭취하지만, 이탈리아에서는 파스타로 탄수화물을 섭취해. 그래서 이탈리아 음식이 한국에서 빨리 확산된 거야. 프랑스 식당이 우리나라에 몇 개나 있을까? 스무 개가 채 안 될 거야. 그런데 이탈리아 식당은 1,000개 정도 있을 거야. 엄밀히 말하면 스파게티 식당이지. 우리가 왜 이탈리아 음식을 쉽게 받아들였느냐면 스파게티와 피자 때문이야.

이탈리아 요리의 또 하나의 특징은 토마토를 무척 즐겨 먹는다

는 거. 나머지 상당수 특징은 양식의 일반적인 특성과 거의 같아. 버터와 크림을 많이 쓰고, 케이크와 같은 단 음식을 많이 먹는다는 것 등등.

이탈리아는 참 잘 먹고 잘사는 나라야. 경제적으로 잘살기도 하지만, 먹는 걸 굉장히 중시해. 먹을 게 풍부하고 다양하다 보니까 음식에 대한 관심이 높고, 먹고 즐기는 것을 중요하게 생각하지. 그건 프랑스나 스페인 등 라틴 쪽 사람들의 보편적 특징 같아. 먹고 즐기는 것에 대한 에너지가 넘쳐. 미국 사람들은 대충 먹고 일한다고 하잖아. 영국도 요리 문화가 잘 발달하지 않았다고 하더라고. 그런데 이탈리아 사람들은 잘 차려 먹으려고 노력해. 햄버거로 한 끼 때우는 걸 너무 싫어해. 소도시에 사는 사람들은 점심을 집에 가서 세 시간, 네 시간씩 먹어.

● 이탈리아 사람들의 식사 예절은 어떤가요?

우리나라는 예전에 비해 식사 예절이 참 편해진 것 같아. 텔레비전 보면서 먹고 그러잖아. 그런데 그런 면에서는 이탈리아 사람들이 더 보수적이야. 탁자 위에 손을 올려놓고 먹어야 하고, 꼭꼭 씹어 먹어야 하고, 입을 벌리면 안 되고…… 서양에서는 가정교육을 하는 곳이 식탁이다 보니까 그런 것 같아. 그 사람들은 할아버지부터 애들까지 식탁에 쭉 둘러앉아 식사를 하면서 교육을 하는 게 가정의 전통을 유지하는 일이라고 생각하거든. 우리나라 식당에 놀이방 있는 것을 서양 사람들에게 보여 주면 깜짝 놀랄걸? 놀이방이 있는 걸 상상도 못 하지. 우리는 대충 먹인 다음에 가서 놀라고 하잖아. 귀찮으니까.(웃음)

● 이탈리아 요리의 재료를 보면 우리나라에서 나지 않는 것들이 많던데, 그런 재료는 어디서 구하세요?

그렇지. 치즈의 경우 모차렐라나 파르마산을 많이 쓰는데, 이런 것은 우리나라에서 만드는 경우가 사실상 거의 없어. 슈퍼마켓이나 마트에서 쉽게 사 먹는 치즈랑은 다르잖아. 결국 수입을 해야 하지. 대개 치즈는 유통기한이 길지 않기 때문에 비행기로 가져와. 스파게티도 대부분 수입해서 써. 그리고 생채소나 고기, 해물 등은 우리나라 것을 써. 대략 수입 재료 절반, 우리나라 재료 절반이라고 보면 돼.

되도록 우리나라에서 나는 재료를 쓰는 게 좋아. 사람마다 생각이 다를 수는 있지만, 나는 가장 신선하고 좋은 요리는 내 주변에서 구할 수 있는 재료로 만드는 거라고 생각해. 예를 들어서 우리나라에도 파가 많지만, 이탈리아 파와는 맛이 좀 달라. 그래서 이탈리아에서 파를 수입하지. 그런데 그렇게 비행기로 실어 나르는 과정에서 수많은 에너지를 낭비하게 돼. 난 그럴 필요가 없다고 생각하거든. 우리나라에서 나는 재료로 요리하는 게 더 좋다고 생각해.

우리가 알게 모르게 요리를 만들고 먹는 행위들이 이미 다 글로벌화되어 있어. 국제적으로 움직인다고. 언뜻 들으면 그게 좋은 것처럼 여겨질지도 모르지만, 나는 거기에 반대야. 요리는 로컬라이제이션(localization), 즉 지역화되는 게 좋다고 생각해.

● 요리사가 되려면 한식, 일식, 중식, 양식 가운데 하나를 택해야 할 텐데, 어느 쪽을 권하고 싶으세요?

나는 양식보다는 동양식에 집중하라는 말을 하고 싶어. 요새 한식과 양식을 섞은 식당들 보면, 예약이 한 달씩 밀려 있는 경우가 많아. 그런 곳에서는 일본에서 연수받고 온, 기술이 뛰어나고 젊고 아이디어가 반짝반짝한 요리사들이 일해. 우리는 기본적으로 동양 요리에 더 강하잖아. 거기에 서양 요리를 배워서 그 기법을 가미하면 더 빛을 발할 수 있지. 한식이든 일식이든 중식이든, 동양 요리를 자신만의 주특기로 삼으면 비전이 있어. 나는 그걸 권하고 싶어.

실제로 그런 쪽으로 흐름이 바뀌고 있어. 아직 양식으로 우르르 몰려가고는 있지만, 다음 세대에는 달라질 거야. 한식을 전공하지 않으려는 이유 중의 하나가 체계화된 요리를 배우기가 힘들기 때문이야. 또 조리학과 선생님들이 대개 양식이나 일식 전공이어서 학생들도 선생님을 따라가는 경향이 강하지. 그런데 간혹 대학 졸업한 다음에 한식을 퓨전하겠다고 고민하고 노력하는 친구들이 있어. 그 친구들이 흐름을 바꿀 수 있을 거야.

● 한식 요리사는 인기가 없는 것 같은데, 왜 그런가요?

조리학과 출신의 요리사들을 보면, 열에 아홉은 양식을 택해. 그 다음은 일식이고. 한식 요리사를 지원하는 사람이 거의 없어. 다른 나라 사람들이 보면 이해가 안 될 거야. 왜 한국의 조리학과 출신들은 다 양식을 지원하는지. 그렇다고 해서 양식의 질이 좋은 것도 아니야.

한식은 국가의 기간(基幹) 요리잖아. 그런데 우리는 한식이 제일 문제야. 국제적 기준으로 봤을 때 우리나라는 OECD 가입국에, 국민 소득이 2만 달러 정도 되는 중견 국가야. 먹고살 만한 나라인데, 자국 음식이 너무 천대받고 있어.

일본에 가면 일식 연회 음식인 가이세키 요리가 한 끼에 최하 8만 원씩 하거든. 프랑스나 이탈리아에서도 그 나라 요리를 음식점에서 먹으면 20달러 정도 내야 하지. 그 나라에서는 인도 음식이나

일본의 가이세키 요리

햄버거 같은 외국 음식이 싸구려 취급을 받아. 그런데 우리나라는 거꾸로야. 식당에서 샌드위치를 먹으면 1만 원은 드는데, 한식은 5,000원이면 되지. 그런데 일본에서 한국 식당에 가서 한상차림을 시켜 먹으면 10만 원 정도 들어. 반찬을 따로따로 시켜 먹어야 하거든. 우리나라에서는 반찬이 공짜로 나오면서 5,000원밖에 안 하는데 말이야.

난 이게 잘못되었다고 생각해. 이걸 바꾸지 않으면 한식은 영원히 성장하기 힘들다고 생각해. 그런 가격에 먹을 수 있다는 것은, 다시 말해서 나쁜 재료를 쓰고, 반찬을 재사용하고, 노동 착취를 하고, 비위생적인 환경에서 요리하는 경우가 어느 정도 있다는 뜻이야. 그렇다고 가격을 올리자는 얘기가 아니야. 더 간소하게 먹어야 한다는 거지. 상차림이 간소해져야 정상이라고 생각해. 그리고 가격도 조금 올라야 해. 지금 한식 가격은 너무 싸. 만일 그 식비를 감당할 수 없으면 도시락을 싸서 다녀야지. 그러면 음식 쓰레기도 줄일 수 있고 노동 착취도 줄일 수 있어. 우리나라의 많은 식당에서 조선족 동포들이 값싼 노동력을 제공하고 있는데, 별로 옳지 않다고 생각해. 이주 노동자를 받지 말자는 얘기가 아니라, 노동 시장이 왜곡되어 있다는 걸 말하려는 거야.

반찬 재사용도 심각하지. 재사용을 왜 하느냐고? 그러지 않으면 단가를 못 맞추니까 하는 거야. 그게 결국은 우리의 건강을 망치지. 천천히 요리할 시간이 없으니까 화학조미료를 많이 쓰고 자극적으로 만드는 거야. 어렸을 때 먹었던 음식 맛을 떠올려 보면 그렇게 자극적이지 않았어. 빨리, 싸게 만들어야 하니까 더 자극적인 맛을 내는 것이고, 그것이 요식업을 평정해 버렸어.

우리가 제일 잘할 수 있는 게 한식이잖아? 한식 문제부터 풀어야 해. 우리 한식이 엉망인데 어떻게 음식을 세계화하겠어? 요리 칼럼을 쓰는 황교익 선배가 들려준 이야기인데, 요즘에도 각 학교에 이런 공문이 내려간대. "떡볶이 등 불량식품을 먹지 않도록 지도 바랍니다." 이렇게 떡볶이를 불량식품이라고 규정해 놓고, 다른 한편으로는 떡볶이를 세계화하겠다고 하니 잘될 리가 없지.

지금 한식은 레시피(recipe, 조리법)도 다 무너져 버렸어. 요즘 식당에 가 보면 주방에서 일하는 분들이 대부분 조선족 아주머니들이야. 이 아주머니들이 본국으로 돌아가고 나면, 레시피 전수가 안 돼. 고급 한식당은 다 고기 요리로 가는 추세야. 요리사도 고기를 다룰 줄 알아야 월급이 높지. 그러니 한식당이라 해도 순 고깃집이고, 한식다운 한식이 적어. 싸게 파는 밥집들뿐이지. 심각한 거야.

어떻게 해야 한식을 살릴 수 있을지 고민해야 해. 인건비나 재료비 등등 따져 봤을 때 한식 한 끼에 1만 원은 받아야 수지를 맞출 수 있다고 생각해. 된장찌개나 짬뽕은 5,000원이면 되는데 해물 스파게티는 2만 원씩 받지? 그런데 왜 사람들은 거기에 대해서 분개하지 않고 사회적으로 문제시하지 않는지 모르겠어.

그러니까 역설적으로 보면 한식 요리사는 비전이 있어. 아직 세계화되지 않았기 때문에 세계화될 가능성이 높다는 거야. 우리 국력이 세지고 세계화 추세에 맞추다 보면 비전이 생길 거야. 외국에 진출하기도 좋지. 내가 이탈리아 요리를 아무리 잘해 봐야 외국에서는 인정해 주지 않아. 이탈리아나 프랑스 요리를 아무리 잘해 봐야 본토 출신과 경쟁해서 이길 확률은 매우 낮잖아. 하지만 한식 요리사에 도전하면 엄청나게 많은 가능성이 있지.

● 선생님 말씀을 들어 보면 우리나라 식당의 수준이 한참 낮은 것

같은데, 왜 그런가요?

우리나라에 체계가 잡힌 고급 식당이 등장한 게 15년 정도밖에
안 됐어. 1988년 서울올림픽 이후에 요식업이 성장하면서 생긴 건
데, 역사가 짧아서 아직도 체계가 잘 안 잡혀 있어. 요식업 규모는
많이 커졌지만, 하루아침에 내용까지 성장할 수는 없는 거니까. 한
명의 요리사를 키우기까지는 오랜 시간이 걸리는데, 갑자기 식당
수가 늘다 보니 함량 미달의 요리사, 함량 미달의 식당이 생길 수밖
에 없는 거야. 앞으로 10년쯤은 지나야 어느 정도 탄탄한 요리사,
식당이 나오지 않을까?

『기드 미슐랭』이 일본판은 있는데 왜 한국판은 없냐는 얘기들을
하는데, 평가할 만한 수준의 식당이 적기 때문이야. 압축 성장을 하
는 바람에 고급 식당이라 해도 내용이 부족한 경우가 대부분이야.

● 한식을 해야 한다고 말씀하셨는데, 선생님은 왜 이탈리아 요리
　를 선택하셨나요?

그때는 잘 몰랐어. 그저 이탈리아 요리를 하고 싶었지. 그런데
지금 다시 선택하라고 하면 한식을 고를지도 모르겠어. 젊은 친구
들 중에 그런 친구들이 점점 느는 것 같아.

아까 말한 대로 한식은 비전이 있어. 하지만 한국은 좁은 우물이 잖아. 그래서 한식을 배우더라도 일식이든, 양식이든, 중식이든 추가로 공부하는 게 좋아. 유학을 다녀오는 것도 나쁘지 않고. 그래서, 다시 말하지만 영어를 해야 하지. 이탈리아 요리도 영어로 되어 있는 좋은 레시피가 많거든. 영어로 되어 있는 문헌이 많잖아. 한식은 영어로 되어 있는 좋은 레시피가 없으니까 영어가 필요 없다고 하겠지만, 아까도 말했듯이 새로운 조리법을 한식에도 적용해야 하거든. 그러니 영어를 잘하면 유리하지.

한식에 치즈를 쓸 수도 있는 거야. 한식도 사실은 중국 음식, 몽골 음식 등 여러 음식 문화를 다 받아들인 거야. 언어에 비유해 볼까? '빵'이라는 말이 포르투갈어에서 왔다고 하는데, 이제는 우리말이 됐잖아. 그것처럼 한식의 기법은 기법대로 보존하면서, 다른 조리법을 받아들이는 게 필요해. 이미 그런 작업을 하고 있는 사람들이 있으니까 앞으로 크게 성장할 거야.

'정식당'이라는 곳이 있는데, 양식을 기본으로 하고 거기에 한식을 접목한 요리를 선보이고 있어. 지금 예약이 잔뜩 밀려 있대. 이게 무슨 뜻이냐면, 그 요리가 맛이 있느냐 없느냐를 떠나서 이미 사람들의 관심이 그쪽에 쏠려 있다는 얘기야. 정식당은 비싼 코스 요리만 파는데도 사람들이 몰려. 난 이미 예견했던 일인데, 드디어 그런 것들이 실현되기 시작한 거야.

코리언 재패니즈 요리 '나물 김밥(Namul Kimbap)'
_일본 오사카
코리언 멕시칸 요리 '코리언 타코(Korean Taco)'
_미국 아틀랜타

한식 베이스에 이탈리아 요리 기법을 접목한다면 그것도 분명히 성공할 거야. 왜냐하면 세계 요식업이 그렇게 섞이고 융합하면서 발달해 왔거든. 식당에서는 그걸 퓨전이라고 이름 붙이지도 않아. 코리언 재패니즈, 코리언 프렌치, 이렇게 불러. 조금만 섞이는 경우에는 그런 말조차 붙이지 않지. 퓨전이라는 것 자체가 의미가 없는 세상이 되어 버린 거야. 당장 휴대전화로 전 세계와 통화할 수 있는 세상이잖아. 나도 이탈리아에서 배웠던 선생님인 주세페 바로네하고 이메일로 조리법에 대해서 의견을 교환하거든. 예전에는 상상도 못 했던 일이잖아. 얼마 전, 그분이 한국에 오셔서 한국의 시장을 둘러보고 재료를 보면서 한식 재료로 이탈리아 요리를 만들기도 했어.

재미있고 새롭지 않니? 요리도 이제는 엔터테인먼트의 측면과 접목이 된 거야. 단순히 맛이 내 맘에 드느냐 안 드느냐가 아니라 그 자체가 재미가 된 거지. 맛있지 않아도 재미있다면 음식을 소비하는 시대가 되었다는 거야. 21세기에 들어서 요리의 경향이 그렇게 바뀌고 있어.

● 퓨전 요리에 대해서는 어떻게 생각하세요?

퓨전은 엉뚱한 걸 조합하는 게 아니고, 퓨전은 상황이라고 생각해. 50과 50을 섞어 100을 만드는 게 아니라 100과 100을 섞어서 200을 만드는 거야. 플러스알파를 의미하지. 나는 이탈리아 요리사지만, 한식도 할 수 있다고 생각해. 이탈리아식 베이스에 한식을 접목하거나 한식 베이스에 이탈리아식을 접목할 수 있지. 연구를 하면 돼. 한국인이니까 한식의 맛과 재료에 대한 이해가 있잖아. 퓨전을 하는 게 전혀 이상한 게 아니라고 생각해.

그런데 한국에는 퓨전 요리를 우습게 보는 경향이 있어. 요리를 잘 못하는 사람들이 대충 섞은 걸 퓨전이라고 생각하는 거야. 실제로 퓨전 음식을 하는 사람들이 제대로 된 음식을 내놓지 못한 경우가 많긴 했지.

사실 우리는 원래 퓨전을 잘할 수 있는 사람들이야. 외국 요리가 이미 많이 들어와 있으니까. 자장면이나 짬뽕 모두 중국 요리가 아니라 퓨전이라고 봐야지. 짬뽕은 중국 사람들이 일본 땅에서 만들어서 일본 사람들한테 판 건데, 일제강점기 때 우리나라에 들어왔어. 지금은 일본 사람보다 한국 사람들이 훨씬 더 많이 먹지. 짬뽕 한 그릇에 한·중·일 3국이 다 얽혀 있는 거야. 이런 것처럼 우리는 퓨전을 잘해. 한정식집에 가면 마요네즈로 버무린 샐러드가 나오잖아? 마요네즈가 유럽의 전통적인 소스인데, 그게 한정식에 올라오는 거야. 이것도 퓨전이지.

퓨전이라는 건 저급한 게 아니라 플러스알파, 더 나은 단계, 더 새로운 걸 의미한다고 생각해. 하늘 아래 새로운 게 어디 있겠어? 만들어 내면서 그걸 성공시키면 그게 퓨전이지. 퓨전 요리는 매우 전망이 있어. 그러려면 무엇 하나를 탄탄하게 해야 하지. 한식이든 중식이든 양식이든, 자기 베이스가 확고하게 있어야 그 기둥 아래서 융합할 수 있는 거니까.

요리사가 되기 위해
한 걸음 더

대화중학교 2학년 김성효

　2009년 여름이 한창 무르익어 갈 무렵, 창비 드림캠프에 참가했다. 드림캠프를 마치면서 요리사 박찬일 선생님을 인터뷰하고 싶다고 신청했는데, 내가 선정되었다고 연락이 왔다. 무엇인가 간절히 바라면 이루어진다는 말이 진짜라는 것을 느꼈다.

　인터뷰하는 날을 손꼽아 기다렸다. 마침내 그날이 왔다. 창비 편집자 분들과 함께 박찬일 선생님이 일하시는 식당으로 갔다. 식당이 가까워질수록 얼굴에는 핏기가 사라졌고, 손발은 차가워졌다. 긴장했기 때문이다.

　식당 입구에는 앤디 워홀을 생각나게 하는 그림들이 걸려 있었고, 내부는 깔끔한 분위기였다. 안쪽으로 들어가 자리에 앉아 있으니 잠시 뒤 박찬일 선생님이 나오셨다. 드림캠프 때 한 번 만났을 뿐인데, 선생님은 내 얼굴과 이름을 기억하고 계셨다.

선생님이 주방을 보여 주겠다고 하셔서 따라 들어갔다. 주방에는 여러 명의 요리사들이 각기 다른 소스의 파스타를 만드느라 정신이 없었다. 선생님이 요리사들에게 나를 조카라고 소개시켜 주셔서 기분이 좋았다. 주방 입구에는 거대한 그릴 오븐, 일반 오븐, 그리고 여러 가지 주방 기구들이 있었다. 주방 가장 안쪽에는 넓이가 2평쯤 되어 보이는 냉장고가 있었다. 그 안에는 흔히 볼 수 없는 향료들이 유리병과 상자에 담겨 있고, 새우와 조개 같은 해산물과 돼지 뒷다리가 통째로 들어 있었다.

주방을 둘러보고 나와 조금 기다리니 음식이 나왔다. 가장 먼저 나온 음식은 닭고기가 들어간 샐러드였다. 달걀 반숙 노른자에 바게트 같은 빵이 곁들여 있는 것이 특이하게 느껴졌다. 다음 요리는 한치 튀김과 고등어 튀김이었는데, 고소했다. 그다음은 스파게티로, 짜지 않으면서 담백한 맛이 났다. 디저트로 티라미수 케이크와 수제 아이스크림이 나왔다. 이렇게 맛있는 음식들을 먹는 사이 차츰 긴장이 풀렸고, 머릿속에서 어떻게 인터뷰를 할지 조금씩 정리가 되었다.

식사를 마치고 인터뷰를 시작했다. 박찬일 선생님은 요리사의 직업 세계와 삶, 이탈리아에서 요리하면서 힘들었던 일들을 자세하고도 재미있게 설명해 주셨다. 또 한식에 대한 사람들의 편견에 대해서도 말씀해 주셨는데, 그 내용이 인상적이었다. 우리는 스파게티를 9,000~1만 5,000원 정도를 내고 사 먹는다. 하지만 우리나라 음식인 칼국수는 그 반값이면 먹을 수 있지 않은가? 그렇게 비교해 봤을 때 칼국수에 대한 가치가 더 올라가야 마땅하다고 말씀하셨다. 가격을 낮추려 하니 반찬을 재사용하는 경우가 드물지 않고 공장에서 주문해 온 음식을 내놓게 된다는 것이었다. 선생님은 우리가 한식을 높게 대우해야 한다고 강조하셨다. 여태껏 한식을 먹으면서 그런 생각을 해 본 적이 없었다. 선생님 말씀을 듣고 보니 한식은 싸야 제값이라는 생각을 버려야만 한식당에 손님으로 갔을 때 좋은 대우를 받겠다는 생각이 들었다.

일본, 중국, 이탈리아 요리 등은 이미 세계에 널리 알려져 있지만, 한식은 맛과 영양이 뛰어난데도 불구하고 그러지 못한 현실에 대해서도 말씀하셨다. 한식을 잘 알리려면 한식 본연의 맛을 강조하면서도 현대인의 입맛을 사로잡는 음식을 개발해야 한다는 생각이 들었다.

내가 요리사가 되고 싶다는 마음을 먹은 것은 텔레비전에서 제이미 올리버라는 요리사를 보고 나서였다. 제이미 올리버는 음식 재료를 두세 가지 위로 던져 가며 묘기를 보이고 주방 바닥에서 재주를 넘는 등 무척 멋지고 신나게 요리를 한다. 그러나 실제 식당 주방에서 내가 만나 본 요리사들은 그와 다른 모습이었다. 심혈을 기울여 그림을 그리는 세밀화가처럼 꼼꼼하게 요리를 하고 있었다. 요리사의 멋진 면만을 비추어 주는 미디어에서 본 것과 다른, 요리사의 진짜 모습을 봤다는 느낌이 들었다.

인터뷰를 마치고 박찬일 선생님과 함께 사진을 찍었다.

인터뷰를 통해 요리사가 되기 위해 한 걸음 더 나아간 기분이었다. 내가 원하는 길을 가기 위해 꾸준히 노력한다면 나도 요리사가 될 수 있겠다는 확신이 생겼다. 그리고 가슴이 따뜻해졌다.

다음에 선생님을 뵙게 된다면 함께 요리를 하며 선생님께 요리를 배워 보고 싶다. 그런 행운이 있기를 바란다.

2부

요리사가 들려주는 요리 이야기

_1_
밥과 빵, 모든 요리의 기본은
여기서 시작한다

맛있는 밥과 빵이 먹고 싶다

내 친구는 반찬은 아무래도 좋으니 밥만 맛있으면 한 끼 식사가 행복하겠노라고 푸념한다. 까다롭게 굴지 말라는 친구들의 지청구를 들으면 그는 정색을 하고 말한다.

"밥투정이 아니야. 언제부터 우리 밥이 이렇게 망가졌지?"

집 밥은 그나마 낫다. 늘 밥을 사 먹게 되는 직장인들은 전기밥솥으로 지어 푸석한 밥을 마주하기 일쑤다. 그나마 일찌감치 주발에 담아 장시간 보온하다 내오니 밥에는 윤기가 없다. 그저 칼로리만 보존하고 있을 뿐이다. 게다가 주발 뚜껑에 눌린 밥은 온전한 밥알의 형태와 질감을 보존하고 있지 않다. 간혹 전날 지어 놓은 듯한

묵은 밥을 만나게 되면, 그는 서
글퍼지기까지 한다고 내게 털어
놓았다.

　사실, 밥이 맛있으면 반찬이
별로 필요 없다. 예전에는 햅쌀을
절구에 찧어 가마솥에 넣고 밥을
하면 최고라고 여겼다. 그러나 이
제 그런 밥을 만나기란 몹시 힘들다. 윤기가 돌고, 수분이 충분하
며, 입에 착착 붙는 밥맛을 본 지가 언제인지 나도 기억이 잘 나지
않을 정도다. 우리 한식이 정체성을 잃고 있다는 많은 이들의 걱정
은 곧 밥이 제 모습을 잃어버렸다는 뜻이기도 하다. 지은 지 오래된
밥을 아무렇게나 내놓는 식당을 보면 나는 슬퍼진다. 인사동에 가
면 '부산식당'이라는 인기 식당이 있다. 이 식당이 유명해진 것은
다른 이유보다도 밥에 있다. 이곳은 주문을 하면 밥을 짓기 시작한
다. 그러니, 좀 늦게 나와도 아무 불평 없이 밥을 기다린다. 기다린
만큼 훌륭한 밥을 먹을 수 있기 때문이다. 홍대 앞에 있는 '나물먹
는곰'이라는 식당도 밥맛이 좋기로 유명하다. 이곳은 잘 고른 쌀로
가마솥에 밥을 한다. 당연히 밥이 찰지고 구수하다. 반찬이 없어도
밥이 꿀떡 넘어간다.

　기름기가 돌며, 한 입 퍼 넣으면 구수한 곡물의 향이 가득 퍼지

는 한 숟갈의 밥! 우리는 그 밥에서 생명의 온기를 찾아냈고, 민족의 정체성까지 이끌어 냈다. 밥이란 쌀로 지은 한 그릇의 음식을 뛰어넘어, 끼니와 식사의 의미까지 함축한다. 우리에게 밥은 곧 생명이고 생존이었던 셈이다. 얼마나 많은 문인들과 시인 묵객들이 밥을 찬양했던가. 사실, 맛있는 요리를 만드는 한식 요리사의 기본은 밥을 얼마나 잘 짓느냐에 달려 있다. 전기밥솥이 대중화된 현대에조차 말이다.

마찬가지로 화려한 서양 요리의 기본은 빵이다. 빵을 얼마나 맛있게 만드느냐에 따라 그 식당의 격과 실력을 가늠할 수 있다. 쌀을 먹는 우리에게 빵은 어디까지나 쌀을 보조하는 음식이다. 오죽하면 빵으로 '때웠다'는 말이 있을까. 반면, 빵이 주식인 나라들도 참 많다. 유럽에서 요리사로 생활하면서 지켜보니, 그들의 빵에 대한 집착은 한국인의 밥에 대한 집착만큼은 아니더라도 꽤나 집요했다. 맛있는 빵이 최고의 식사를 결정짓는다고 믿었다. 맛있는 서양 식당은 당연히 빵이 맛있다. 빵이 맛없는데 좋은 식당이 될 수는 절대로 없다. 그런데 한국에서는 좀 이상한 일이 벌어진다. 빵을 다른 데서 사 오는 양식당이 적지 않고, 빵을 맛있게 만들어야겠다는 의지도 그다지 없는 양식당을 많이 보게 된다. 밥 한 그릇 제대로 짓지 못하면서 최고의 한식당을 만들겠다는 것과 마찬가지다. 기본이 튼튼해야 최고가 된다는 건 어떤 분야든 마찬가지가 아닐까.

이탈리아에서 일할 때 동료 요리사의 집에서 빵을 굽는 광경을 본 적이 있다. 시칠리아의 시골 마을이었는데, 집안 여자들 여럿이 모여 한번에 많은 양의 빵을 구워 냈다. 야외에 설치된 오븐에 장작을 때어 즐거운 수다와 함께 신나게 빵을 구웠다. 이런 빵을 보통 '시골 빵'이나 '서민 빵'이라고 부른다. 거칠고 질기지만 구수하고 맛이 좋다. 이런 빵들은 매우 딱딱한 편인데, 수분이 없기 때문에 오랫동안 보존이 가능하다. 그래서 한번에 많이 구워 놓고 여러 날 먹는다. 대기의 습도도 낮아 빵이 쉬이 부패하지 않는다. 나는 지금도 그 오븐에서 풍겨 나오던 빵이 익는 구수한 냄새를 기억한다. 그리고 마치 장을 담그는 한국 여인들처럼 품앗이로 모여 푸근하게 빵을 굽던 시칠리아 아주머니들의 모습이 떠오른다. 그건 가슴이 푸근해지는 정경이다.

그렇지만 서양 사람들 가운데 집에서 빵을 굽는 경우는 드물다. 오븐이 있어야 하고, 굽는 데 시간이 오래 걸리기 때문이다. 그래서 보통 가까운 빵집에서 사 먹는데, 이사 갈 때 근처에 좋은 빵집이 있느냐를 조건으로 보기도 할 정도다.

빵은 모양과 맛이 다양한 만큼 이야기도 풍부하게 간직하고 있다. 프랑스 파리의 대표적인 빵, 바게트는 나무껍질처럼 딱딱한 표면 때문에 '바게트'라는 이름이 붙었다. 바게트란 '기다란 막대기'란 뜻이다. 또 프랑스 빵 중에 '캉파뉴'라는 것도 있는데, 캉파뉴란

위부터 시계 방향으로
치아바타, 바게트, 크루아상, 캉파뉴

'시골'이란 뜻이다. 거칠고 소박하며 화려하지 않기 때문에 이런 이름이 붙었다. '크루아상'은 생김새 그대로 '초승달'이란 뜻이며, 이

'시어머니의 혀'라는 뜻의 '링구아 디 수오체라' 빵

탈리아 빵 '치아바타'는 '슬리퍼'란 뜻이다. 실제로 슬리퍼처럼 납작하고 길쭉하게 생겼다. 이탈리아 민족은 참 유머가 많은데, 빵 이름 짓는 데에도 예외가 아니다. '링구아 디 수오체라'라는 빵은 '시어머니의 혀'라는 뜻이다. 납작하고 기다란 빵으로, 말 많고 참견 잘하는 시어머니가 혀를 내밀고 있는 모습이 그대로 떠올라 절로 웃음 짓게 한다. '스필라티나'라는 빵도 있는데, 이건 '팔뚝'이라는 뜻이다. 마치 바게트처럼 생겼는데, 그 모양이 팔뚝 아닌가.

빵과 관련해서 우리의 오해 하나가 있다. 우리나라 빵집에서 파는 달콤한 빵과 같은 스타일은 정작 빵의 종주국인 서양인들은 먹지 않는다는 사실이다. 예외적으로 아침식사에는 설탕이 들어간 빵을 먹지만, 대부분의 식사에는 단맛이 없는 담백한 빵을 먹는다. 달콤한 앙금이나 잼이 들어간 빵은 서양 문물을 먼저 받아들인 일본인들이 변화시켜서 우리에게 퍼뜨린 것이다.

밥과 빵의 차이점과 공통점

밥과 빵의 결정적인 차이는 발효 여부다. 밥은 발효 과정을 거치지 않는다. 쌀에 물을 붓고 열을 가하면 수분이 쌀 속에 스며들어 부드러워지면서 밥이 된다. 한편, 빵은 발효되어 부푼 밀가루에 열을 가해서 익히는 과정에서 탄생한다.

밥과 빵은 모양과 재료는 다르지만, 같은 몫을 한다. 즉, 다른 음식과 어울려 먹는다. 밥은 반찬의 도움이 없으면 스스로 맛을 내지는 못한다. 그래서 순수하게 지은 밥이야말로 한식에서 가장 중요한 기초가 된다. 빵 역시 마찬가지다. 순수하게 곡물의 맛을 살린 빵은 다른 음식에 곁들일 때 가치가 올라간다. 그래서 빵 자체에 단맛이 있거나 양념이 많이 들어가 있으면 안 된다. 다른 음식의 맛을 방해하기 때문이다. 빵은 그냥 빵만 먹는 게 아니라, 음식을 들면서 그 소스를 찍어 먹고, 접시를 닦아 내는 데 쓰인다.

우리네 식단에서 밥이 기본이듯이 서양에서는 빵이 그 자리에 있다. 샌드위치처럼 이것저것 채워 넣어 한 끼를 훌륭하게 때울 수 있는 간식거리가 되기도 하고, 묵은 빵은 아예 국물에 푹 잠겨 스튜 요리가 되기도 한다. 아니면 아주 바삭하게 말린 후 가루 내어 튀김과 같은 요리의 재료로 쓰이기도 한다. 한마디로 빵 없는 서양 식사는 상상도 할 수 없는 일이다.

서양만 빵을 먹는 건 아니다. 쌀 문화가 아닌 곳은 대개 빵을 먹는다. 인도도 빵을 많이 먹는 나라다. 인도의 남부는 쌀농사가 잘되므로 대개 쌀을 먹지만, 북부는 춥고 건조해서 밀농사가 잘된다. 그 지역에서는 '난'이라고 부르는 납작한 빵을 먹는데, 멕시코의 토르티야, 중동의 차파티와 비슷한 모양이다. 난은 탄두리라고 부르는 화덕에 굽는다. 추운 지방이므로 난방을 위해 집 안에 화덕을 피우는데, 여기에 굽는 빵이 바로 난이다. 요구르트를 넣어 구우므로 맛이 담백하고 고소하다.

만드는 방법이나 모양새는 다르지만, 밥과 빵에 깃든 인간의 사랑은 한결같다. 그것은 배고픔을 달래 주는 포만의 기억, 그리하여 생존의 희망을 거기서 읽어 내기 때문이다. 뛰어난 요리사는 멋지게 프라이팬을 돌리고 고기를 굽는 사람이 아니다. 요리의 기본인 밥이나 빵을 가장 맛있게 만들 줄 아는 사람이다. 고난이도의 수학도 1 더하기 1에서 출발하듯이 말이다.

* 이 글은 청소년 문학 계간지 『풋』(2009년 여름호)에 실린 글을 보완했습니다.

_2_
지구와 우리 몸을 살리는
로컬푸드와 슬로푸드

로컬푸드가 뜬다

2010년 4월, 영국의 유명 레스토랑 잡지에서 올해 세계 최고의 레스토랑 순위를 발표했다. 놀랍게도 무명의 덴마크의 식당 '노마(Noma)'가 1위를 차지했다. 분자 요리(음식의 질감과 조직을 화학적·물리적으로 바꾸어 놓는 혁신적 요리법)를 선보여 미식가들의 각광을 받은 스페인의 엘 불리(El Bulli), 프랑스의 피에르 가니에르 같은 세계적인 요리사의 레스토랑을 제친 이 식당에 사람들의 관심이 쏠린 것은 당연했다. 이 식당이 주목받은 이유는 바로 '로컬푸드(local food)'라는 사실 때문이었다.

노마의 주방장은 불과 서른두 살의 르네 레드제피(René Redzepi)

라는 젊은이로, 하루 일
과를 동네 숲에서 시작
한다. 산에서 나는 버섯
과 허브를 채집하기 위
해서다. 어떤 수입 재료
도 사용하지 않고, 식당
인근에서 나는 재료만
쓰기를 고집한다. 심지
어 올리브유조차 덴마크
에서는 생산되지 않는다
는 이유로 쓰지 않는다. 덴마크는 추운 나라여서 올리브나무가 없
기 때문이다. 뿐만 아니다. 겨울처럼 마을에서 채소가 나지 않을 때
를 대비해서 채소 피클을 담가 두고 요리를 한다.

이 놀라운 소식을 접한 언론들은 "제철에 나는 로컬푸드의 사
용, 지역 주민과의 강한 연대 등이 1위에 오른 원동력"이라고 평했
다. 이 식당은 3개월 전 자정을 기해 석 달치 예약을 미리 받는데,
하루 만에 꽉 찬다고 한다. 그러나 노마가 이런 로컬푸드를 적극적
으로 이용하는 원조는 아니다. 이미 서양이나 일본의 주요 레스토
랑의 다수가 지역에서 제철에 나는 재료를 이용한다는 것을 자랑하
고 있으며, 손님들의 열광적인 지지를 받고 있다.

어쭙잖지만, 나도 3년 전에 서울 청담동에서 '뚜또베네'라는 이탈리아 식당을 열면서 로컬푸드를 적극적으로 이용하려고 노력한 적이 있다. 우리 강토에서 나는 제철 재료를 쓰는 것이다. 봄이면 쑥과 보리싹, 냉이를 파스타와 샐러드에 쓰고, 도다리와 모시조개 같은 제철 해산물을 썼다. 가을이면 우리 산에서 나는 싸리와 송이 같은 버섯을 요리에 응용했다. 그게 뭐 놀라운 일이냐고 할지 모르겠지만, 서양 요리 식당은 수입 식재료를 쓰는 것이 마땅하다는 생각이 그동안 널리 퍼져 있었다. 그래서 나의 이런 행동은 꽤 화제가 되었고, 식당에 많은 손님을 불러 모으는 데 도움이 되기도 했다.

보통의 서양 식당에서 쓰는 재료들의 원산지를 살펴보면 아스파라거스는 칠레, 연어와 쇠고기는 호주, 닭고기는 브라질, 치즈는 프랑스와 이탈리아, 올리브유는 터키, 곡물은 미국…… 멀게는 1만 8,000킬로미터나 떨어져 있는, 어마어마하게 멀리서 오는 재료들이다. 이렇게 멀리 떨어져 있는 곳에서 나는 재료를 실어 오려면 엄청난 기름을 쓸 수밖에 없고, 지구가 깊은 고통에 빠지게 되는 건 당연하다. 100그램의 치즈를 수송하기 위해 비행기나 배를 이용하면, 치즈 무게 이상의 기름이 소모된다.

그럼, 여기서 프랑스 리옹에서 생산된 치즈가 어떻게 한국의 서양 식당 식탁까지 도착하는지 살펴보자. 리옹의 공장에서 생산된 치즈는 냉장 설비가 된 트럭에 실려 1,000킬로미터 이상을 달려 파리의 공항으로 간다. 이때 트럭은 많은 양의 기름을 써야 하며, 냉장 설비가 있으므로 훨씬 더 많은 기름을 쓴다. 비행기에 실린 치즈는 인천 공항에 도착한다. 파리에서 인천까지 오는 사이 많은 양의 기름이 소비된다. 인천 공항에서 서울까지는 다시 수십 킬로미터를 달려야 한다. 역시 냉장 트럭에 실려 수입사의 냉장 창고에 들어간다. 그런 뒤 치즈는 도매상에 넘겨지고, 다시 냉장 트럭에 실려 각 식당에 도착한다. 치즈는 식당의 냉장고에 저장되다가 마지막으로 손님상에 오른다. 리옹에서 손님상에 오르기까지 소비된 기름—운송 수단은 물론, 냉장 설비에 들어가는 에너지까지 포함—의 양은 상상을 초월한다.

치즈는 수입해서 쓸 수밖에 없으니까 어쩔 수 없는 일 아니냐고 할 수 있겠다. 그럴 수 있다. 그러면 채소의 경우는 어떨까? 서양 식당에서 쓰는 채소 가운데에는 아주 멀리서 들어오는 것이 생각보다 아주 많다. 아스파라거스 같은 서양 특산물은 물론, 여러 가지 채소와 과일이 비행기나 배를 타고 치즈처럼 멀리서 온다. 어쩌면 우리는 치즈나 채소, 과일을 먹는 게 아니라 '기름을 마시고' 있는지도 모른다. 서양 음식뿐이 아니다. 우리가 먹는 된장찌개 한 그릇도 적지 않은 수입품으로 이루어진다. 지금 우리의 식량 자급률은 30퍼센트에도 못 미친다. 단순히 된장찌개 한 그릇을 먹는 것이 아니라 많은 양의 화석 에너지를 '먹고' 있는 것이라고도 할 수 있다.

이처럼 어떤 재료나 식품에 붙은 이동 거리를 '푸드 마일(food mile)'이라고 부른다. 로컬푸드란 푸드 마일이 짧은 재료나 식품을 뜻한다. 가급적 지역(동네)에서 생산한 재료로 만든 식품과 요리를 먹어야 한층 친환경적이고 친지구적인 행동이라고 할 수 있다. 이를 위한 노력들이 여러 곳에서 이루어지고 있다. 그러나 요리를 파는 식당, 사 먹는 소비자들이 공동으로 노력하지 않으면 좋은 결과를 얻어 낼 수 없다. 소비자들은 식당이나 시장, 마트에서 푸드 마일이 짧은 재료나 요리를 이용하고 갖추도록 압박해야 한다. 소비자들이 푸드 마일이 짧은 요리를 좋아하면, 식당과 주방장들도 그런 소비자들을 고려해서 친환경적인 재료를 찾아 나서게 될 것이다. 소비자운동이 지구를 살리는 셈이다.

요리 문화가 뒤떨어진 곳으로 알려진 북구의 작은 식당 '노마'가
세계 최고의 음식점에 올랐다는 것이 우리에게 일깨워 주는 것은
자못 크다. 프랑스 식당이나 이탈리아 식당이라고 하더라도 가급적
수입 재료를 배제하고, 우리 땅에서 나는 제철 재료를 이용하려는
젊은 요리사들이 늘어날 때 신음하는 지구의 수명이 연장될 것이
다. 물론 중식당이나 일식당, 한식당의 경우도 마찬가지다. 한식당
에서 쓰는 재료의 다수도 이미 멀리서 온 것들이 많으니 말이다.

슬로푸드가 우리 몸을 살린다

'슬로푸드(slow food)'는 로컬푸드보다 우리에게 먼저 다가온 개
념이다. 슬로푸드란 패스트푸드(fast food)의 반대말로, 산업화된 음
식 문화를 배격하고, 소박하고 자연적인 본래의 음식으로 돌아가자
는 의미를 담고 있다. 이탈리아에서 시작하여 전 세계적인 운동으
로 자리 잡았다.

슬로푸드는 단순히 만드는 과정이 '길다'는 뜻은 아니다. 패스트
푸드처럼 음식이 돈벌이 수단으로만 전락하는 데 대한 반대말로 쓰
인 것이다. 오랫동안 지구 곳곳에서 이어져 내려온 전통적인 요리
와 식재료는 모두 슬로푸드다. 즉, 같은 된장이라도 대형 공장에서
만들어 슈퍼마켓에서 팔리는 것은 패스트푸드라고 할 수 있고, 우
리 어머니나 할머니가 가정의 전통에 따라 만든 것은 슬로푸드인

것이다. 전통을 고수하며 양심적인 과정을 통해 탄생한 식재료로 만든 요리 또한 슬로푸드다. 몇 해 전, 세계 슬로푸드 대회에 한국의 식재료가 초청된 적이 있다. 바로 '죽방멸치'라는 것이었는데, 바다를 훑어 잡은 멸치가 아니고 대나무를 가지고 친환경적으로 만든 '죽방'이라는 전통적인 어구를 써서 잡은 멸치를 이른다. 이 멸치에 대해 많은 참가자들이 큰 관심을 나타냈다고 한다.

슬로푸드 운동이 시작된 계기가 아주 재미있다. 이탈리아의 수도 로마의 명소인 스페인광장 옆에 유서 깊은 전통 나이트클럽이 있었다. 요란하고 상업적인 한국식 나이트클럽이 아니라, 사교계의 상징 같은 점잖은(?) 클럽이었다. 그런데 이 나이트클럽 자리에 미국의 맥도날드가 들어서게 됐다. 그러자 뜻있는 이탈리아의 미식가, 요리사, 사회운동가 들이 모여 반대 운동을 벌였다. 질 나쁜 패스트푸드와 그 뒤에 도사리고 있는 미국 중심의 거대 자본주의가 이탈리아 땅에 상륙한다는 사실에 화가 났기 때문이었다. 이것이

1986년의 일이다.

이 운동은 끝내 맥도날드의 상륙을 막지는 못했다. 그러나 이때 모인 사람들이 중심이 되어 슬로푸드 운동을 시작했고, 세계적인 단체로 성장했다. 슬로푸드라는 이름 자체도 패스트푸드의 반대말로서 명명된 것이다. 현재 슬로푸드는 고유한 음식 문화의 보존, 대규모 음식 자본과의 싸움을 이끌며 점차 세를 불려 가고 있다. 이 단체의 회장인 카를로 페트리니(Carlo Petrini) 씨의 다음과 같은 말은 왜 그들이 슬로푸드 운동을 하는지 잘 설명해 준다.

"비싼 명품 속옷을 입어도 우리의 몸 자체가 되지는 않지만, 우리가 먹는 음식 한 조각은 곧 우리의 몸이 된다."

슬로푸드는 지구상의 다양한 동식물의 종을 지키고, 유기농 생산을 장려하며, 음식이 단순히 배를 불리는 것이 아니라 가족과 사회의 건강함을 지키는 열쇠라는 가르침을 펼쳐 나가고 있다. www.slowfood.it에 들어가면 자세한 정보를 얻을 수 있다. 이탈리아어와 영어 등으로 설명되어 있다.

_3_
프랑스 요리를 세계 최고의
요리로 만든 두 사람

세계 최고의 요리를 꼽으라면 단연 프랑스 요리다. 나라별로 각자 주체적인 요리법이 발달해 왔지만, 프랑스는 여러 가지 면에서 우위에 서 있다. 재료와 요리법의 다양성, 근대적인 서비스와 식당의 발달 등에서 특히 앞서 있다. 흔히 세계 3대 요리를 프랑스, 중국, 터키(또는 이탈리아)라고 하는데, 프랑스의 위치는 자못 독보적이다. 현대 고급 서양 요리는 모두 프랑스 요리를 기본으로 해서 파생됐다고 해도 과언이 아니다. 한국의 고급 한식집이나 일식집에서 코스에 맞춰 하나씩 요리가 나오는 방식조차 프랑스식이다.

이렇게 절정에 오른 오늘날의 프랑스 요리를 만든 이로 두 사람을 꼽는다. '프랑스 요리의 아버지'라고 불리는 마리－앙투안 카렘

(Marie-antoine Carême, 1784~1833)과 '프랑스 요리의 왕'이라는 별명을 지닌 오귀스트 에스코피에(Auguste Escoffier, 1846~1935)가 그들이다. 이 두 명의 전설적인 프랑스 요리사들은 현대 프랑스 요리의 기틀을 잡은 인물이다.

프랑스 요리의 아버지, 카렘

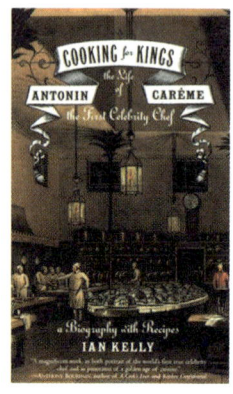

마리―앙투안 카렘의 전기 *Cooking for Kings: The Life of Antonin Carême, the First Celebrity Chef* (Walker&Company 2004)

먼저 200년 전의 사내, 마리―앙투안 카렘이 누구인지 살펴보자. 현대의 미식은 19세기 초반에 활동했던 그에게 많은 빚을 지고 있다. 요리를 한 접시씩 차례로 제공하는 러시아식 서비스, 전채와 스프, 앙트레, 가금류와 생선, 고기, 디저트로 이어지는 프랑스식의 전통을 만들어 낸 사람이 카렘이다. 그는 가난한 석공의 아들로 태어나 부모로부터 버림받고, 한 주막에 맡겨진 뒤 요리를 배웠다. 그는 요리는 물론, 현대 제과 기술의 대부분을 창안한 뛰어난 제과사이기도 하다. 카렘은 고급 프랑스 요리의 기틀을 마련하고, 프랑스, 러시아, 영국의 왕실 요리 수준을 크게 높였다.

카렘은 일반 식당에서는 일하지 않고 주로 귀족과 왕의 개인 요리사로 일했다. 당시의 요리는 만찬의 주최자인 왕이나 귀족의 권위를 높이는 데 주안점을 두었다. 그래서 산더미처럼 많은 요리를 마련해서 참석자들의 기를 죽이곤 했다. 송아지나 양은 한 마리가 통째로 상에 올라가기도 했으며, 보통 300가지가 넘는 요리와 100가지에 가까운 소스가 나왔다.

그가 맛에 대해 얼마나 대단한 집념을 지녔는지 보여 주는 일화가 있다. 영국의 왕 조지 4세가 카렘을 초빙해서 요리를 하게 했다. 카렘의 요리 솜씨가 너무 뛰어나 살이 찌자 조지 4세는 탄식을 하며 이렇게 말했다.

"너는 내가 과식하게 만들어 결국 나를 죽게 만들 것이다."

그러자 카렘은 눈 하나 깜짝하지 않고 이렇게 대꾸했다고 한다.

"저는 오로지 전하의 입맛을 돋게 하는 요리를 만들 뿐, 입맛을 떨어지게 하는 건 제 일이 아니옵니다."

요리가 건강에도 좋아야 한다는 현대의 관점에서 보면 이상하게 들릴 수도 있으나, 그만큼 맛에 대한 카렘의 태도가 얼마나 단호했는지를 잘 보여 주는 일화가 아닐 수 없다.

그런데 카렘은 불과 48세의 나이에 사망했다. 사망 원인을 두고 여러 가지가 거론되지만, 일산화탄소 중독이 유력하다고 여겨진다고 한다. 당시에는 가스가 보급되기 전이라 화력이 좋은 숯을 주로 썼다. 카렘 말고도 많은 요리사들이 숯이 내뿜는 가스에 중독되어 사망했다고 한다.

프랑스 요리의 왕, 에스코피에

카렘 이후에 한 세기가 흘러 에스코피에라는 거장이 나타난다. 그 역시 가난한 대장장이의 아들로 태어나 불과 열세 살의 나이에 요리사가 되었다.

에스코피에 이전에 프랑스 주방은 현대와 같은 체계를 갖추지 못했다. 훨씬 많은 인원이 일하면서도 효율은 낮았다. 에스코피에는 주방의 구성을 새롭게 정비했다. 수석 요리장, 찬 요리와 더운 요리 담당, 그릴(굽기) 담당, 소스 담당, 빵과 과자 같은 디저트 담당 등으로 역할을 세분화했다. 이 구분은 현대의 세련된 서양식 식당 대부분이 그대로 지키고 있는데, 당시로서는 혁명적인 구성이었다. 또 홀 서비스와 주방의 관계를 유기적으로 만들어 손님이 주문을 하면 곧바로 주방에 주문이 들어가고, 즉각적인 서비스를 할 수 있는 시스템을 갖추었다. 요즘의 고급 레스토랑에 가면, 주문을 받을 때 세 장짜리 주문서를 쓴다. 주문서는 각각 주방, 홀, 계산대로 나뉘어 들어간다. 이렇게 하면 어떤 손님이 어떤 요리를 시켰는지 명확하게 구분되어 일을 체계적으로 할 수 있다. 에스코피에는 한 걸음 더 나아가, 주문서에 단골손님이 주문한 내용과 취향 등을 기록하여 진정한 의미의 '레스토랑'을 실현했다.

그러면 레스토랑은 무슨 의미를 갖고 있을까? 그 어원에 의미가 깃들어 있다. restaurant이란 '기운을 회복한다'는 뜻의 restaurer라는 말에서 나왔다. 즉, 손님이 음식을 먹고 쉬어서 기운을 되찾는다는 뜻을 담고 있다. 이 용어는 원래 프랑스어인데, 전 세계에서 공통으로 쓰고 있다.

에스코피에는 현재도 호텔과 요리업계의 전설로 있는 영국의 사보이호텔, 프랑스의 칼튼호텔 등에서 일했다. 그리고 창의적인 태도와 기술로 요리사의 지위를 드높였다. 과거에는 요리사가 하급 급사처럼 대우받았으나, 에스코피에의 위대한 노력으로 예술가에 가까운 독창적인 지위를 인정받게 되었다. 그에게 프랑스 국가 최고 훈장인 레종 도뇌르가 주어진 건 어쩌면 당연한 일이었다.

그렇다면 에스코피에 이전의 레스토랑은 어떤 상태였을까? 프랑스혁명(1789년) 이전에도 레스토랑은 있었지만 그 수준은 매우 낮았다. 미식(美食)이라고 부를 만한 수준은 대개 왕궁이나 귀족의 개인 저택에서 이루어졌다. 에스코피에 이전의 최고의 요리사였던 마리-앙투안 카렘이 레스토랑에서 일하지 않고 귀족이나 왕의 개인 요리사였다는 점을 떠올려 보면, 짐작되는 바가 있을 것이다. 시내의 레스토랑은 대개 간단한 빵집이거나 과자점, 주점의 형태에서 크게 벗어나지 않았다. 물론 왕이나 귀족의 식탁이라고 해도 대단한 미식을 즐기는 것도 아니었다. 현재 서양 식탁에서 쓰이는 포크가 대중화된 것은 19세기 이후다. 개인용 칼과 포크로 개인 접시에 놓인 요리를 먹는 방식이 자리 잡은 것은 그리 오래된 일이 아니다. 그전에는 왕이라고 할지라도 커다란 칼로 고기를 썰고(물론 대개는 시종이 썰어 주었다), 손으로 먹는 경우가 많았다.

프랑스혁명은 요리사의 사회적 지위를 바꾸어 놓았다. 혁명으로 왕과 귀족의 세력이 크게 약화되자, 왕이나 귀족의 개인 요리사로 일하던 많은 요리사들이 직업을 잃고 세상에 쏟아져 나올 수밖에 없었다. 그들 중 일부는 새로운 부자로 등장한 상공인들의 개인 요리사로 일하기도 했지만, 모두가 그러지는 못했다.

그러한 시기에 새로운 레스토랑들이 들어서기 시작했다. 상공인들은 여행과 만남이 잦았고, 그러면서 호텔과 카페가 번성하기 시작했다. 카페에서는 차뿐만이 아니라 간단한 음식도 같이 팔았다. 주머니에 돈이 생기기 시작한 상공인 계급들은 부를 과시하기 위해 멋진 레스토랑에서 비싼 요리를 즐기고 싶어했다. 수요가 있으면 공급이 뒤따르게 마련이어서, 그들의 요구에 맞춘 새로운 고급 레스토랑들이 등장하기 시작했다. 이 레스토랑들은 왕궁이나 귀족의 저택에서 일하던 요리사들을 고용하여 고급 요리를 만들어 냈다. 그러나 아직 이 시기의 미식 수준은 그다지 높지 않았다. 코스별로

1582년에 세워진 프랑스 최초의 고급 레스토랑 '라 투르 다르장(la tour d'argent)' 2008년 모습

요리가 나오고, 급사의 시중을 받아 가며 오랜 시간 요리를 즐기는 현대적 의미의 미식은 에스코피에가 디딤돌을 놓았다고 보면 틀림 없다.

세계 미식의 표준이 된 『기드 미슐랭』

에스코피에는 많은 제자들을 배출했다. 현대의 서양 유명 요리 사들은 대개 그 뿌리를 에스코피에에 두고 있다. 에스코피에의 수 제자로 페르노 푸엥(Ferno Point), 알렉상드르 뒤멩(Alexandre Dumaine), 앙드레 피크(André Pic)를 꼽는다. 다시 이들에게서 수많은 특급 요 리사들이 배출됐다. 이들이 요리사의 경지를 넘어 예술가로까지 불리게 된 데에는 책 한 권이 큰 영향을 미쳤다. 바로 『기드 미슐랭』이다.

현대의 최고 요리사들은 미슐랭의 별점을 받기 위해 치열하게 경쟁한다. 이 책은 별 셋부터 별 하나까지를 최고급 식당으로 소개한다. 별을 하나라도 받았다면, 최고의 요리사 반열에 오른 것과 진배없다. 그러니 세 개를 받는다면 얼마나 대단한 요리사인지 짐작할 수 있을 것이다.

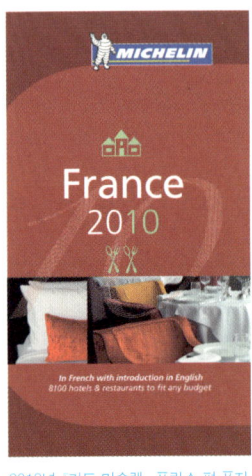

2010년 『기드 미슐랭』 프랑스 편 표지

『기드 미슐랭』은 원래 타이어 회사—지금도 시중에서 팔리고 있는 미슐랭 타이어다—에서 손님 서비스용으로 만든 소책자였다. 1900년대는 자동차 여행이 막 기지개를 켜던 시기였고, 여행객들에게 각 지역의 먹을 만한 식당과 호텔을 소개해 주는 몫을 맡은 것이 바로 『기드 미슐랭』이었다. 자동차 보급이 늘면서 이 책을 찾는 사람들이 많아졌고, 공신력과 인기도 나날이 더해 갔다. 그리고 이제는 세계 미식의 표준으로 자리 잡았다.

『기드 미슐랭』이 부여하는 별은 대단한 공신력을 가지고 있다. 매년 새로운 별점 리스트가 발표되면 요리사와 미식가 들을 흥분의 도가니로 몰아넣는다. 그러나 한편으로는 부작용도 있다. 몇 해 전에는 별 셋에서 별 둘로 '강등'된 프랑스의 유명 요리사 브레나르 루아소(Brenard Loiseau)가 자살해서 충격을 던져 주기도 했다. 또 선정 기준이 애매하고 고급 식당 중심으로만 높은 점수를 준다는 부정적 평가도 받고 있다.

『기드 미슐랭』의 연간 발행 부수는 150만 부 정도이며, 유럽에서 40유로(약 6만 원)의 비싼 값에 팔린다. 일본의 도쿄와 교토·오사카, 그리고 홍콩·마카오판도 발행되고 있으며, 서울판도 몇 년 후 나올지 모른다. 과연 서울에서는 어떤 식당이 영예를 차지할까?

_4_
한식 세계화, 예비 요리사에게 미래를 걸다

갈 길 먼 한식 세계화

2010년 들어서 한식 세계화가 갑자기 화제가 되고 있다. 한식 세계화를 하면 국가 이미지가 높아지고, 외국 손님을 많이 끌어들여 돈도 벌 수 있다는 정부의 주장이 있고부터다.

사실, 나는 이전부터 한식 세계화 문제에 대한 글을 써 왔다. 한식이 그 가치에 비해 너무 외국에 알려져 있지 않으며, 이 때문에 정당한 평가를 받지 못한다는 것이 주요 내용이었다. 이탈리아에서 요리사로 일할 때, 이탈리아 사람들은 내가 스시와 사시미를 먹고 사는 줄 알았다. 한국만의 고유한 음식을 알지 못했던 것이다. 그러나 그것은 한국만의 문제는 아니다. 예를 들어, 여러분은 덴마크의 고유 음식을 아는가? 노르웨이, 포르투갈은 어떤가? 모두 잘사는 나라들이지만 "글쎄, 잘 모르겠는걸" 하게 된다. 어쨌든 일본은 성공적으로 자기네 음식을 세계에 알렸다. 결코 뒤지지 않는 훌륭한 음식 문화와 전통을 지닌 한국으로서는 배가 아플 일이다. 그래서 한식 세계화를 하자는 데에 상당수 국민들이 원칙적으로 동의하고 있는 것 같다.

그런데 그 방법이 올바른지는 생각해 봐야 한다. 우선, 어떤 한식을 어떻게 알릴지 준비가 되어 있지 않다. 한식이 무엇인지 정확한 정의조차 내리지 못하고 있으니 말이다. 이를테면 마요네즈로 버무린 '채소 샐러드'는 한식인가, 아닌가? 짬뽕과 자장면은 중식인가, 한식인가? 한국어의 표준어는 "교양 있는 사람들이 두루 쓰는 현대 서울말"이라고 해석이 명확하게 내려져 있는데, 한식도 마찬가지로 "교양 있는 사람들이 즐기는 서울 음식"이라고 정의를 내려야 하는 것일까? 이런 것부터 정확하지 않으니, 세계화는커녕 온갖 의견만 난무하고 있는 것이다. 떡볶이를 세계에 널리 알리자고 나라에서 예산을 들여 홍보하고 있는데, 떡볶이가 왜 대표 음식이 되었는지조차 명확하지가 않다.

사실, 한식 세계화는 이미 일본이 하고 있다. 무슨 말이냐고? 일본은 김치와 전 같은 고유 한국 음식을 만들어 미국을 중심으로 한 국제 시장에서 이미 성공적으로 인정받고 있다. 아니, 우리 것을 마

한식을 즐기는 외국인들(미국 샌프란시스코의 한식당)

음대로 판다고? 흥분해도 소용없다. 외국인들은 김치와 전이 한국 것인지 일본 것인지 잘 모른다. 알려고도 하지 않는다. 치즈 케이크가 프랑스 것인지 이탈리아 것인지, 미국 것인지 우리가 잘 알려고 하지 않고 관심도 없는 것과 같은 이치다. 치즈 케이크가 맛있으면 그만인 것이다.

그러니, 먼저 음식을 만들어 팔고 홍보를 하는 쪽이 유리해진다. 우물 안에서 아무리 떠들어 봐야 그런다고 세계화가 되는 것은 아니다. 많은 한식당이 외국에 생겨나 현지인에게 사랑받는 게 중요하다. 아시아에서는 일본과 중국, 태국의 식당이 그런 과정을 거쳐 전 세계에 널리 알려져 있다. 일본, 중국은 물론 태국 음식도 세계적으로 유명한데, 매운 해물 스프인 톰얌쿵을 모르는 선진국 사람은 거의 없을 정도다. 그래서 한식을 무기로 세계 시장에 진출할 우리 젊은 셰프들의 어깨가 무겁다.

크로스오버에서 희망을 본다

다행히도 최근 들어 한식을 전공하려는 학생들이 조금씩 늘고 있고, 한식을 무기로 외국 진출을 모색하는 요리사들이 눈에 보인다. 한식도 외국인에게 충분히 통할 수 있는 음식이라는 걸 느끼기 시작했다. 자라나는 예비 요리사들의 역할이 그래서 더 중요해졌다. 한국인 요리사라면 가장 잘할 수 있는 건 역시 한식이다. 그 한식을 가지고 세계에서 경쟁할 수 있다고 생각한다. 세계 요리의 흐름은 '퓨전과 크로스오버'라는 국경 없는 요리의 대교류 쪽으로 가고 있다. 특정한 나라별 요리의 경계가 느슨해지고 서로 다른 요리들이 마구 뒤섞이는 유행이 지배하기 시작한 것이다.

뉴욕에서 승승장구하고 있는 두 명의 한인 요리사가 있다. 한 명은 시사주간지 『타임』(Time)이 선정한 2010년 '세계에서 가장 영향력 있는 100인'에 포함된 데이비드 장(David Chang, 한국 이름 '장석호')

이다. 그는 '모모후쿠쌈바'(Momofuku Ssäm Bar)라는 정체불명(?)의 식당을 열어 폭발적인 인기를 누리고 있다. '모모후쿠'는 일본어이고, '쌈'은 한국어, '바'는 영어가 아닌가. 이름처럼 요리도 퓨전이다. 어느 한 나라의 정체성을 고집하기보다 뒤섞어서 전혀 새로운 문화를 만들어 내는 크로스오버의 시대정신이 요리에 구현됐다는 평가를 받는다. 또 다른 이는 로이 최(Roy Choi)라는 젊은 이로, 2010년에 미국의 한 유명 요리 잡지가 선정하는 '올해의 셰프'로 뽑혔다. 그는 불고기와 김치에 미국인이 즐겨 먹

모모후쿠쌈바의 요리 떡볶이(spicy rice cakes)와 삼겹살(samgypsal)

는 멕시코 음식인 타코를 접목, 선풍적인 인기를 끌고 있다.

이 두 사람을 통해서 한식이 나아갈 방향을 가늠해 볼 수 있다고 본다. 물론 한국 고유의 전통 음식을 내놓고 세계인의 평가를 받는 것도 중요한 일이다. 그러나 전통과 크로스오버, 이 두 가지가 잘 조화를 이룰 때 우리 음식의 세계화는 차근차근 가능성을 열어 갈 것이 틀림없다.

_5_
요리사의 하루

한국에도 번역, 소개되어 큰 인기를 끌었던 요리 만화 『밤비노』를 보면, 요리사들이 얼마나 고된 노동을 하는지 잘 묘사되어 있다. 요리사는 하루에 열두 시간이 넘는 격무를 치러 낸다. 만화니까 좀 과장을 해서 구타하는 장면도 많이 나오는데(주인공이 선배에게 얻어맞는다), 그 정도까지는 아니더라도 주방은 포근하고 우아한 (?) 직장은 절대 못 된다.

나는 전 세계를 돌며 여행을 많이 다녔고, 그럴 때마다 요리사들을 많이 만났다. 이탈리아의 요리사는 상대적으로 근무 강도가 높지 않은 편이다. 지나치게 엄격한 분위기를 견디지 못하고 자기주장이 강한 기질 탓인 것 같다. 반면, 미국이나 영국의 주방은 매우 엄격하고 노동 강도가 세다. 이 지역에서 일한 요리사들을 인터뷰해 보면, 휴무도 거의 없이 하루 열대여섯 시간을 일하는 경우가 흔했다. 일주일이면 100시간이 넘는 살인적인 노동이다. 서양에서는 일반 노동자의 경우 주당 40시간 노동이 보통이고, 한국도 비슷해지고 있다.

노동 시간은 법으로 규제하는 경우가 많은데, 유독 요리사의 세계에서는 그다지 문제 삼지 않는다. 그 이유는 요리사란 단순한 노동자가 아니라 예술가라는 인식이 있기 때문이다. 최고급의 기술과 예술적인 요리사의 덕목을 갖추기 위해서는 그런 강인한 과정을 거쳐야 한다고들 믿는 까닭이다.

그럼, 이제부터 요리사의 하루 일과는 어떤지 함께 살펴보자.

 저마다 조금씩 다르지만, 한국의 요리사는 대개 하루 열한 시간 남짓 일한다. 아침 9시에서 10시 사이에 출근해서 밤 9시나 10시까지 일하게 된다. 또래의 다른 직장인들에 비하면 훨씬 더 많이 일하지만 별 불만은 없다. 최고의 셰프가 되기 위해서는 이런 과정을 거치는 걸 당연시하는 분위기 때문이다(서양처럼 열대여섯 시간 일하지 않는 걸 다행으로 여기는 것일까……).

아침에 출근하면 주방의 모든 시스템을 가동시킨다. 안전장치를

걸어 둔 가스를 틀어서 조리 준비를 하고, 오븐도 미리 켜 가열한다. 지난밤에 주문한 재료들이 다 도착했는지 확인한다. 해물과 생선, 고기, 채소, 공산품류가 모두 주문서에 맞게 왔는지 맞춰 보는 것이다. 특히 해물과 생선은 선도가 좋은지 일일이 점검한다. 간혹 물이 나쁜 경우가 있기 때문이다. 이때는 공급자에게 연락해서 교체를 요구하거나, 셰프에게 보고하여 대안을 찾아야 한다.

아침 10시가 되면 전원이 모여서 셰프나 수셰프(부주방장)의 지시에 따라 그날의 일을 시작한다. 재료를 다듬고 소스를 끓이며, 요리의 기본이 되는 육수를 만든다. 모두들 바쁘게 칼질을 하고, 바삐 손을 놀려 재료를 다룬다. 빨리, 정확히 해야 하는 일이기 때문에 모두들 묵묵히 자기 할 일을 하고, 주방에는 침묵만이 흐른다.

12시부터 시작되는 점심시간이 가까워오면 그날 예약 손님을 확인하고, 준비한 재료에 문제가 없는지 확인에 확인을 거친다. 모든 재료는 재빨리 요리할 수 있도록 제자리에 준비해 놓아야 한다. 요리라고 하면 보통은 굽고 끓이고 볶는 과정을 떠올리지만, 진짜 요리는 밑준비를 얼마나 정확하게 잘하느냐에 달려 있다. 밑준비가 잘되어 있지 않으면 기계처럼 착착 맞물려 돌아가야 하는 식사 시간에 제대로 요리를 해서 손님상에 낼 수가 없다.

1. 빵이 준비되고 있습니다. 빵은 한식의 밥과 같은 몫을 합니다.
2. 재료를 다듬고 준비하는 일이 직접 불에서 요리하는 일보다 더 중요하죠.
3. 멸치를 손질하고 있습니다.
4. 소꼬리를 손질하는 요리사.
   요리 과정의 대부분은 이처럼 밑준비를 하는 것입니다.

12시. 주문서가 밀려들기 시작한다. '포스'라고 불리는 전자 시스템에 의해 홀에서 받은 주문이 실시간으로 주방에 떨어진다. 작은 식당의 경우 그냥 종이에 써서 주문을 넣기도 한다. 주문에 맞춰 요리가 시작되고 손님의 특별 주문도 소화해야 한다. 뭘 더 넣고 뭘 빼 달라거나, 메뉴에 없는 특별 요리를 만들어 달라고 요청하기 때문이다. 모든 요리사들이 자기 직무에 집중하여 엄청나게 빠른 속도로 움직인다. 프라이팬 움직이는 소리, 주문서가 들어오는 소리, 셰프가 지시하는 소리가 주방에 가득하고 볶고 굽는 연기로 주방은 자욱해진다.

1시가 넘어서면 대개 주문이 줄어든다. 그러면 정신없이 손님을 받느라 어질러진 주방을 치우고 정돈하기 시작한다. 그러면서 간간이 들어오는 주문을 소화하고, 저녁에 쓸 요리 재료를 다듬거나 만드는 일을 한다. 대부분의 요리는 주문이 들어오면 15~20분 내에 완성해서 손님상에 나가야 하기 때문에 미리 재료를 다듬고, 소스를 만들어 두는 것이다.

1. 이탈리아 식당의 중요한 일 중 하나인 생면 파스타를 뽑고 있습니다.
2. 스파게티를 볶고 있네요.
3. 스파게티를 재빨리 접시에 담습니다. 손이 보이지 않을 정도로 빠르군요.
4. 생선을 잡아서 손질하는 요리사. 생선도 서양 식당의 중요한 식재료이지요.

3시쯤 되면 대충 하던 일을 마무리하고 점심 식사를 한다. 자기 일을 다 못 한 요리사는 식사 후에도 계속 일을 하고, 어떤 요리사들은 한 시간 정도 쉴 수도 있다. 음악을 듣거나 요리책을 펴서 이론 공부를 하고, 어학 공부를 하기도 한다. 유학을 가려는 요리사들도 많기 때문이다.

1. 쉬는 시간이면 칼을 가는 등 요리에 필요한 준비를
   합니다.
2. 조개를 씻고 있는 하급 요리사.
   거친 일을 많이 해야 합니다.
3. 공부하는 요리사.
   시간이 나면 틈틈이 책을 펴 듭니다.

5시가 되면 다시 주방에 모여 저녁 준비를 시작한다. 예약자 명단을 확인하고, 특별 요리는 없는지 살펴본다. 브이아이피(VIP)가 있을 경우 예상되는 주문을 미리 검토하기도 한다. 대통령은 아니더라도 매우 유명하고 중요한 인물들이 모여서 식사하는 경우가 많은 까닭이다.

6시부터 저녁시간이 시작되면 모두들 정신을 바짝 차리고 덤벼든다. 대부분의 고급 식당은 특히 저녁에 매출 비중이 높고, 손님 수도 많기 때문에 더욱 집중력을 가지고 일해야 한다. 바쁜 날은 재료가 떨어지는 수도 있고, 정신없이 주문을 소화하다 보면 화장실한 번 제대로 못 갈 수도 있다. 땀에 절어 옷이 등에 찰싹 붙어 버리기도 한다. 그래도 바빠서 고된 것은 요리사에게 흐뭇한 일이다.

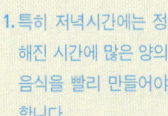

1. 특히 저녁시간에는 정해진 시간에 많은 양의 음식을 빨리 만들어야 합니다.
2. 그릴에서 고기를 굽고 있습니다. 뜨거운 열기와 기름 때문에 힘든 일 중의 하나입니다.
3. 분주한 요리사들. 모두들 정신없이 일합니다.
4. 스테이크를 담고 있습니다.
5. 스테이크 장식을 합니다. 거의 완성되어 가고 있네요.
6. 주방에서 정성껏 준비한 요리를 홀 접대원들이 가져갑니다.

9시면 슬슬 마지막 주문이 들어올 때이므로, 주방을 정리하고 전화나 팩스로 내일 쓸 재료를 공급처에 주문한다. 특별히 직접 시장에 나가 장을 봐야 할 경우도 있다. 요리사는 정기적으로 시장에 나가 봐야 한다. 그래야 재료의 질을 파악할 수 있고, 제철에 좋은 재료는 뭔지, 원하는 재료가 이 시기에 잘 나오는지 알 수 있기 때문이다.

요리사들은 종종 일과가 끝나고 회식을 한다. 술을 한잔 하며 고단한 노동으로 지친 몸을 푸는 것이다. 요리사들은 육체와 정신을 동시에 가혹하게 쓰는 사람들인지라, 동료들 간에 연대 의식이 높다. 서로 어려울 때 도와주고 마음을 써 준다. 이런 주방의 전통적인 분위기 때문에 요리사 일을 그만두지 못한다는 사람들도 많다.

10시가 넘어 퇴근하면 집이 먼 사람은 자정이 가까워서야 귀가하기도 한다. 다음날 일찍 나오려면 빨리 잠자리에 들어야 한다. 이처럼 힘든 요리사의 일과이지만, 오직 최고의 요리사가 되겠다는 집념으로 고된 일을 이겨 내는 젊은 요리사들이 많다. 지금의 고단함은 미래에 대한 투자가 아닐까.

탐구 활동

나만의 레시피에 도전하자!
김성효의 요리 만들기

미래의 요리사를 꿈꾸는 김성효 학생이 직접 만든 요리와 박찬일 세프의 평을 소개합니다.

1. 머리를 맑게 해 주는 **묵 냉채**

재료 도토리묵, 파프리카 2개, 오이 1개, 상추 10장, 깻잎 한 묶음, 계란 3개, 고추 1개, 간장, 식초, 깨 1/2큰술, 매실청, 들기름.

1. 채소들은 씻은 뒤 체에 받쳐서 물기를 뺍니다.

2. 계란을 풀어서 지단을 만든 다음 얇게 썰어 둡니다.

3. 채소와 묵을 가늘게 썰어 둡니다.

4. 채소와 계란, 묵을 큰 접시에 예쁘게 담고, 개인 접

시에 조금씩 덜어서 양념을 뿌려 먹습니다.

양념 간장, 식초, 매실청, 잘게 다진 고추, 들기름, 깨를 넣고 잘 섞습니다.

양념

─이 점이 어렵네!

묵은 상당히 무른 식재료이기 때문에 칼이 살짝 지나가기만 해도 잘린다. 게다가 미끄러워서 이상한 모양으로 잘릴 때가 있었다. 그런 점이 조금 번거로우면서도 어려웠다.

─박 셰프의 평

난이도가 어려운 요리인데, 과감히 도전한 성효가 놀랍군. 재료가 곱게 썰린 것을 보니 칼도 잘 다루는 것 같고. 묵은 소화가 잘되고, 칼로리가 매우 낮아 다이어트에 도움이 되는 음식이지. 묵 냉채에는 곁들이는 채소가 많아 더욱 건강에 좋아. 채소는 가급적이면 무농약이나 유기농으로 구하는 게 좋아. 내가 사는 동네에서 난 것이라면 최고야. 더욱 싱싱할 뿐만 아니라 또 멀리서 날아 온 것이 아니므로 환경에도 도움이 된다고.

묵 요리는 간을 하는 게 아주 중요한데, 왜냐하면 묵 속으로 간이 배지 않기 때문이야. 들기름도 잘 조절해서 적당량을 넣어야 느끼하지 않게 된다는 점, 잊지 말자.

2. 매콤한 바다의 맛, **해물 떡볶이**

재료 떡볶이떡 300g, 어묵 2장, 오징어 1마리,
홍합 15개 정도, 팽이버섯, 고추 2개,
당근 1/5개, 양파 1/2개, 고추장 2큰술,
매실청(또는 설탕).

1. 홍합을 씻어서 물에 담가 놓습니다.

2. 오징어는 먼저 몸통과 다리를 분리하고, 그다음 몸통을 갈라서 내장을 제거합니다. 다리에서는 눈알과 먹물을 제거합니다.

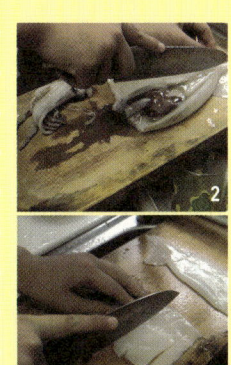

3. 손질한 오징어에 사선으로 칼집을 넣습니다.

4. 당근, 어묵, 양파를 썰어 둡니다.

5. 큰 프라이팬에 기름을 두르고 잘게 썬 고추를 넣은 뒤, 기름에 고추 향이 배어들 때까지 볶습니다.

6. 당근, 양파, 어묵, 오징어, 홍합을 순서대로 넣고 주걱으로 뒤적여 줍니다.

7. 매실청(또는 설탕)을 섞은 고추장을 넣습니다.

8. 그런 다음 팽이버섯을 넣고 뒤적여 주면 완성!

오징어를 손질하는 것이 좀 어려웠다. 내장까지 제거해야 하는데, 잘못 건드리면 터져 버리기 때문이다. 그래서 생선 가게에서 손질해 준 것을 사는 것을 추천한다.

─ 박 셰프의 평

떡볶이는 간식으로 최고지. 너무 맵지 않게 요리하고, 영양 균형이 맞도록 채소를 넉넉히 넣는 게 중요해. 또 어묵 등을 고를 때는 좋은 재료를 썼는지 살펴보는 것도 중요하고. 오징어는 껍질을 벗겨 사용해야 요리 색깔이 예쁘고 식감이 좋아. 내장은 손으로 살살 떼어 내면 잘 터지지 않아. 오징어는 너무 익히면 질기니까 조심해야 하고. 당근을 볶을 때는 노랗게 될 때까지 충분히 볶아야 더 맛있다는 점, 염두에 두자. 이 밖에도 고추장에 단맛이 많으므로 매실청이나 설탕은 조금만 넣거나 안 넣는 게 좋겠지.

3. 출출한 배를 채워 주는 **두부 야채전**

재료 두부 반 모, 감자 전분 1큰술,
계란 1개, 양파 반쪽, 쪽파 5줄기 정도,
버섯 조금.

1. 두부를 잘게 으깬다.

2. 양파 반쪽과 쪽파, 버섯을 잘게 썬다.

3. 두부 으깬 것에 쪽파, 버섯, 계란을 넣고 잘 비빈다.

4. 감자 전분을 넣고 잘 비빈다.

5. 프라이팬에 식용유를 두른 다음, 4의 재료를 동글동글하게 빚어서 프라이팬에 올려 익힌다.

6. 노릇노릇하게 구워 주면 완성!

－이 점이 어렵네!

두부 야채전은 간단하게 만들 수 있다. 다만 전분의 양을 조절하는 것이 까다로웠다. 많이 넣으면 쓴맛이 강해지고, 적게 넣으면 전이 뚝뚝 끊어지므로 양을 잘 조절해야 한다. 그리고 또 하나 어려웠던 점은 프라이팬에 두르는 식용유의 양을 조절하는 것이다. 적게 두르면 전이 달라붙어서 떼어 내기 힘들고, 많이 두르면 기름지고 튀긴 것처럼 되어 맛이 없다.

－박 셰프의 평

두부는 우유보다 건강에 훨씬 좋고 완전에 가까운 식품으로 인정받고 있어. 다이어트에 좋고 영양소도 풍부해. 특히 단백질이 많아서 고기를 많이 먹지 않아도 우리 몸에 필요한 영양분을 얻을 수 있어. 두부는 생각보다 속까지 쉽게 익지 않는다는 것을 염두에 두고, 불 조절을 잘해 중불에 익히면 맛있는 결과가 나올 수 있어. 이 요리를 응용하면 두부 스테이크도 만들 수 있어. 크기를 커다랗게 만들고 소스를 곁들이면 되는데, 시판하는 스테이크용 소스를 써도 아주 훌륭한 요리가 되지. 어때, 한번 도전해 볼까?

요리사가 말하는 요리사

강병택 외 지음, 부키 2006

다양한 요리 전문가들이 직접 말하
는 요리 전문가의 세계

한식, 일식, 중식, 양식 등 우리에
게 잘 알려진 분야의 요리사는 물
론이고 제과제빵사, 음식 메뉴 개
발자에 이르기까지 요리 분야의

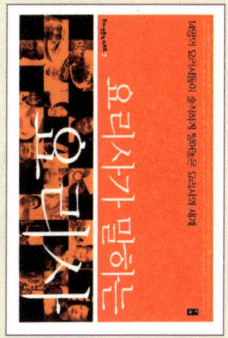

다양한 전문가들이 요리 분야에서 일하는 것이 실제로 어
떤 것인지를 말해 준다. 요리와 관련된 일을 하는 데 가장
중요한 것은 강한 체력이다. 그만큼 요리 분야의 일은 고되
기 때문이다. 그렇기 때문에 멋진 유니폼과 묘기 같은 칼질
만 생각하고 요리사를 직업으로 선택한 사람은 오래가지
못한다. 음식 쓰레기 처리나 설거지 같은 허드렛일을 성실

히 해내는 것은 물론, 엄격한 상하 관계, 오랜 수련 기간을 견딜 줄 아는 인내심과 끈기가 모든 요리 전문가들이 첫째로 꼽는 요리사의 자질이다. 그런 만큼 인정받는 요리사가 되면 성취감도 크다. 이 책은 다양한 요리 전문가들의 생생한 경험담과 더불어 요리사들의 독특한 문화도 소개하고 있다.

일곱 개의 별을 요리하다

에드워드 권 지음, 북하우스 2008

별 일곱 개짜리 호텔 식당을 지휘하는 수석 요리사의 이야기
에드워드 권은 두바이의 별 일곱 개짜리 최고급 호텔에서 400명의 요리사를 지휘하는 수석 요리사로 일했을 정도로 실력을 인정받은 요리사다. 이 책에서 에드워드 권은 서울의 한 유명 호텔에서 요리사로 일하다가 두바이에서 수석 총괄조리장이 되기까지의 경험을 직접 들려준다. 서울에서 일하는 동안 뻔히 보이는 미래 때문에 느꼈던 답답함, 서울을 떠나 미국

으로 가서 낯선 식재료와 다른 요리사들의 뛰어난 실력에
놀랐던 일, 그것을 극복하기 위해 매일 슈퍼마켓에 가서 다
양한 식재료들을 날것 그대로 맛보던 일 등 어려움을 극복
하며 실력을 쌓아 간 경험이 생생하게 담겨 있다. 한국을
비롯한 세계 유명 호텔 주방의 실제 모습과 함께 세계적인
요리사들이 요리사가 되고 싶은 사람들에게 들려주는 조언
도 담겨 있다.

지중해 태양의 요리사

박찬일 지음, 창비 2009

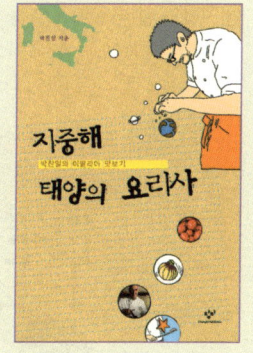

이탈리아 음식 요리사의 '진짜' 요
리사 이야기

이탈리아 음식 요리사인 저자가
이탈리아 요리 학교에서 공부하
고 졸업 후 시칠리아의 작은 마을
식당에서 일하며 겪은 일들을 재
미있게 쓴 책이다. 고된 유학 생활과 식당 실습의 생생한
이야기를 통해 이탈리아의 요리와 문화를 엿볼 수 있다. 이
책에서 무엇보다 가장 중요한 것은 요리에 대한 저자의 철

학이다. "가장 가까운 곳에서 나는 재료로, 가장 전통적인 조리법으로, 가장 사랑하는 사람이 먹는 요리를 만들자"고 강조한다. 저자는 진정한 요리사란 사람을 움직이고 마음을 요리하는 사람, 단순히 음식을 만드는 것이 아닌 이 세상을 좀 더 나은 미래로 이끌 수 있는 사람이라고 생각한다. '진짜' 요리사란 언제나 식탁을 자세히 관찰하고, 시장과 들판을 자기 손바닥처럼 잘 아는 요리사라고 말한다. 어떤 요리사가 될지를 고민하는 사람에게 재미와 함께 생각할 거리를 주는 책이다.

미각혁명가 페란 아드리아

만프레드 베버-람베르디에르 지음, 들녘 2008

'세계 최고 요리사'의 창조적인 요리 이야기

전 세계 수많은 미식가들이 최고의 식당으로 꼽는 곳은 뜻밖에도 스페인 북동부에 위치한 작은 식당이었다. 식당의 주인이자 주방장인 페란 아드리아는 독특한 '분자 요리'를 선보인다. 분자 요리란, 식재료나 조리 시간 등을 과학적으로 분석해서 새로운 맛과 질감을 만들어 내는 것을 말한다. 축구를 좋아하고 공부보다 노는 것을 좋아해서 고등학교도 자퇴했던 페란 아드리아는 요리와 관련된 전문 교육을 받은 적이 없었다. 처음엔 단순히 돈을 벌기 위해 요리를 했다. 하지만 식당에서 일하고, 군대에 가서는 취사병으로 복무하는 사이 요리에 대한 열정을 깨닫게 되었고, 뜨거운 아이스크림처럼 아무도 만들지 않은 새롭고 독특한 요리를 창조하는 요리사가 되었다. 페란 아드리아의 이야기를 통해 새로운 요리를 창조해 내는 것이 어떤 일인지를 알 수 있다.

밤비노

세키야 테츠지 지음, 대원 2006~2009

한 아르바이트 주방 보조의 진짜 요리사 되기

일본 남쪽 지방에서 대학교에 다니며 아르바이트를 하던 반 쇼고는 방학을 이용해 도쿄에 올라와, 가장 번화한 곳의 이탈리아 식당 주방 보조로 일한다. 맨 처음 그곳에 도착했을 때는 자신감에 가득 차 있었다. 고향에서 웬만한 메뉴는

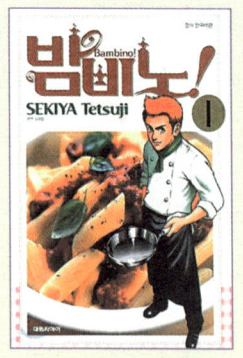

다 만들어 봤다고 생각했기 때문이다. 하지만 자신이 얼마나 우물 안의 개구리였는지 곧 깨닫게 된다. 손님의 수에서부터 요구하는 요리의 수준이 고향 식당과는 비교가 되지 않았기 때문이다. 그곳 주방의 요리사들은 주문을 받으면 손님이 원하는 시간 안에 수준 있는 음식을 내기 위해 날카로운 칼에 손가락이 썰려도 손을 멈추지 않고, 손목 인대가 나가도 프라이팬을 놓지 않는다. 그야말로 목숨을 걸고 요리하는 프로들이었던 것이다. 프로들이 모인 주방은 전쟁터나 다름없었다. 반은 그곳에서 일하며 요리사라는 직업을 진지하게 고민하게 된다. 고민 끝에 전문 요리사가 되기 위해 학교를 그만두고 정식 직원으로 식당에 돌아온다. 식당에서 일하면서 반은 매번 벽에 부딪히지만 굴하지 않고 하나씩 넘어간다. 거친 주방에서 진정한 요리 실력을 갖춘 요리사가 되려면 어떤 벽들을 넘어야 하는지 실감 나게 볼 수 있는 만화다.

심야식당

아베 야로 지음, 미우 2008~

'밥집'의 평범한 요리와 손님들 이
야기

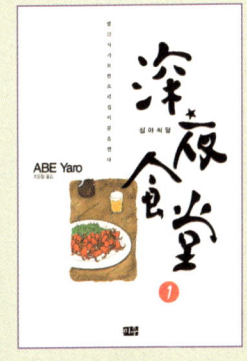

밤 12시부터 새벽 6시까지 문을
여는 작은 식당이 있다. 이름은
그냥 '밥집'. 메뉴는 돼지 된장국
정식, 맥주, 청주, 소주가 전부다.
하지만 메뉴에 없는 걸 주문해도 가능하면 만들어 주는 게
이 식당 주인의 인심이자 능력이다. 밤늦게 일을 마친 샐러
리맨부터 새벽녘에 돌아가는 술집 종업원까지 지친 몸과
마음을 이끌고 찾아오는 이 식당의 손님들이 주문하는 요
리는 의외로 소박하다. 소시지 볶음, 볶음 국수, 간장과 김
가루를 뿌려 비벼 먹는 생계란 비빔밥 등 무엇이든 주문하
면 재료가 있는 한 주인은 아무 말 없이 만들어 내놓는다.
'밥집'을 찾은 손님들은 배뿐만 아니라 마음까지 채우고
돌아간다. 소중한 추억을 떠올려 주고, 사랑하는 마음을 되
찾게 해 주고, 용서에 이르게 해 주는 것은 값비싼 요리가

아니라 우리가 일상에서 먹던 따뜻한 음식이다. 이 책은 소박하지만 우리의 일상과 늘 함께하는 음식이 얼마나 큰 감동을 주는지 잔잔하게 보여 준다.

식객

감독: 전윤수, 출연: 김강우, 2007

최고의 맛을 잇기 위해 펼치는 요
리 승부

한국 최고의 식당, 운암정에서는
운암정 최고의 맛을 이어갈 사람
을 뽑기 위해 요리 대회를 연다.
성찬은 운암정에서 수련하고 있
는 천재 요리사로, 음식을 할 때 마음을 담는 것을 가장 중
요하게 생각한다. 봉주는 이런 성찬을 경쟁자로 여기는 야
심만만한 요리사다. 요리 대회의 과제는 복어로 만든 회.
두 사람은 우열을 가리기 힘들 정도로 훌륭한 요리를 내놓
지만, 성찬의 요리를 먹은 심사위원들이 갑자기 복통을 일
으키고 쓰러진다. 결국 봉주가 운암정의 후계자로 결정된

다. 그리고 5년 후, 운암정 요리 대회에서 실수한 뒤 은둔하고 있던 성찬은 한 요리 방송 피디의 끈질긴 권유로 다시 한번 봉주와 요리 대결을 펼치게 된다. 이 영화에서는 화려한 조선 시대의 궁중 요리는 물론, 누룽지나 된장찌개처럼 우리네 일상의 밥상에 오르는 소박한 음식까지 다양한 한국 요리를 재미있게 볼 수 있다.

남극의 쉐프

감독: 오키타 슈이치, 출연: 사카이 마사토, 2010

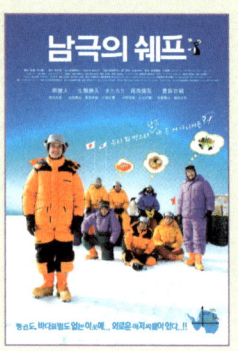

남극의 과학 기지에서 일하는 요리사의 이야기

평균 기온이 영하 54도인 극한의 땅 남극에 세계 여러 나라가 기지를 만들어 과학자들을 파견한다. '후지 기지'의 일본인 대원 여덟 명도 연구를 위해 남극으로 왔다. 이들에게 이 극한의 땅은 관측소인 동시에 외로워하고 슬퍼하며 웃고 떠드는 일상의 장소다. 이런 이들의 일상에서 가장 행복한 시간은 바로 식사 시간이다. 그렇기 때문에 조리 담당 니시무라는 대원들을 위해 따뜻한 마음으로 정성을 다해 요리를 만든다. 극한의 땅이라고 해서 뻔한 요리만 되풀이해서 내지 않는다. 주먹밥, 라면은 물론 스테이크, 푸아그라까지 니시무라가 만드는 갖가지 요리는 가족이나 친구와 멀리 떨어져 고된 작업에 시달리는 대원들의 유일한 낙이 되었다. 실제로 남극의 기지에서 일했던 요리사의 이야기를 영화로 만들었다. 요리가 어떻게 외로움을 달래 주고, 고된 일상에 용기를 주며, 마음까지 밝아지는 웃음을 주는지를 코믹하게 잘 보여 주는 영화다.

바베트의 만찬

감독: 가브리엘 악셀, 출연: 스테파니 오드런, 1987

사람들의 마음을 따뜻하게 어루만지는 최고의 요리 이야기

덴마크의 한적한 어촌 마을, 독실한 신앙심으로 사람들을 도우며 살아가는 두 자매의 집에 바베트라는 여자가 찾아온다. 자매는 어려움에 처한 듯 보이는 바베트를 아무것도 묻지 않고 가족처럼 받아

들인다. 그렇게 함께 살아가던 어느 날 바베트는 복권에 당첨되어 엄청난 상금을 받는데, 그 상금으로 성대한 만찬을 준비한다. 사실 바베트는 프랑스에서 요리사로 일하다가 프랑스혁명이 일어나자 위험을 피해 덴마크로 왔던 것이다. 만찬에 초대받은 마을 사람들은 처음엔 너무나 화려한 요리에 곱지 않은 눈길을 보낸다. 요리는 허기를 때울 정도면 충분한 것이며, 그 이상의 사치는 악이라 생각하고 있었기 때문이다. 하지만 끊임없이 나오는 바베트의 요리를 맛보는 동안 마을 사람들은 가슴에 품고 있던 응어리가 풀리고 마음이 점점 따뜻해지는 것을 느낀다. "최고의 요리사란 어떤 사람일까?"라는 질문에 "사람의 마음을 따뜻하게 만드는 요리를 만드는 사람"이란 답을 감동적으로 보여 주는 영화다. 서양 최고의 요리들이 만들어지는 과정을 자세히 볼 수 있는 것도 놓칠 수 없는 재미다.

빅 나이트

감독: 캠벨 스코트, 스탠리 투치, 출연: 토니 샬호브, 스탠리 투치, 1996

성격이 정반대인 두 이탈리아 인 형제의 식당 운영기

미국의 한 작은 도시에서 이탈리아 인 형제가 이탈리아 식당을 연다. 돈 버는 것을 중요하
게 생각하는 동생은 전통 요리보
다는 잘 팔리는 요리를 만들어
달라고 형에게 부탁한다. 하지만
형은 미국인들이나 좋아하는 싸
구려 요리는 만들 수 없다며 전

통 요리만을 고집한다. 그러던 어느 날 길 건너편에 간편한
스파게티와 스테이크를 내세워 손님을 끄는 경쟁 식당이
등장하자, 그러지 않아도 어렵던 형제의 식당은 더욱 힘들
어진다. 어떻게든 식당 문을 닫지 않으려고 애쓰는 동생에
게 경쟁 식당의 주인은 가수를 초청해 연회를 열어 식당을
알리라고 충고해 준다. 동생은 그 충고에 따라 성대한 연회
를 연다. 제대로 만든 이탈리아 전통 요리가 끊임없이 나오
고 식당 안은 점점 흥겨워진다. 하지만 초대받은 손님들이
모두 취했을 무렵, 형제는 이것이 경쟁 식당 주인의 못된
계략이었음을 깨닫는다. 결국 연회는 아무런 성과 없이 끝
나고 형제는 돈만 날리고 만다. 형제는 서로를 탓하며 크게
다투지만 결국 서로를 아끼고 있음을 깨닫고 다시 힘을 내
기로 한다. 영화는 최고의 요리 실력을 가진 요리사라도 음
식이 팔려야 한다는 현실을 외면할 수는 없음을 씁쓸하게

보여 준다. 쉽게 볼 수 없는 다양한 이탈리아 전통 요리를
보는 재미가 크다.

음식남녀

감독: 리안, 출연: 랑웅, 1994

대만의 최고 요리사가 만드는 음식
을 통해 가족, 사랑, 우정을 보여
주는 이야기

주 사부는 대만의 한 유명 호텔에
서 일하는 대만 최고의 요리사다.
아주 중요한 국빈이 방문하면 만
찬은 꼭 그에게 맡길 정도다. 오래전 아내를 잃고 세 딸과
함께 살아가는 주 사부는 매년 한 번은 딸들을 위해 집에서
성대한 만찬을 준비한다. 그러나 딸들이 커 감에 따라 만찬
의 날에 가족이 모두 모이는 일도 점점 어려워졌다. 첫째
딸은 실연을 당한 뒤로 독실한 기독교 신자로 살아가고 있
고, 능력을 인정받고 있는 둘째 딸은 남자친구와 일 때문에
항상 시간이 없고, 셋째 딸은 주 사부가 제일 싫어하는 패
스트푸드 식당에서 아르바이트를 하고 있다. 딸들이 모두

집을 떠나려 하는 데다, 미각을 잃어 은퇴한 뒤 쓸쓸하게 살아가는 주 사부는 옆집의 모녀에게서 위로를 받는다. 거대한 호텔 식당 주방에서 벌어지는 역동적인 중국 음식의 조리 과정과, 주 사부네 부엌에서 만들어지는 다양한 중국 전통 요리들을 볼 수 있는 것이 이 영화의 큰 매력이다. 중국 전통 요리를 자세히 볼 수 있는 영화로는 최고의 영화다.

줄리 & 줄리아

감독: 노라 애프론, 출연: 메릴 스트립, 에이미 애덤스, 2009

프랑스 요리법을 정리한 미국인 요리사의 이야기

미국에 프랑스 요리법을 제대로 소개하는 책을 펴낸 것으로 유명한 미국인 요리사 줄리아 차일드의 실제 이야기다. 2차 세계대전 후 외교관 남편을 따라 프랑스로 온 줄리아 차일드는 말도 통하지 않고 기질과 문화도 다른 프랑스에 적응하지 못해 애를 먹는다. 하지만 프랑스 음식을 맛보는 시간엔 이 세상 그 무엇과도 바꿀 수 없는 행복을 느낀다. 그래서 줄리아는 프랑스의 유명한 요리 학교 '르코르동블루'에서 요리를 배우기로 결심한다. 당시만 해도 여자는 받아 주지 않던 르코르동블루에 가까스로 들어간 줄리아 차일드는 마침내 프랑스 인들도 감동시키는 프랑스 요리 전문가가 된다. 한편, 현재 뉴욕에서 전화 상담원으로 일하는 줄리는 기분 전환으로 요리 블로그를 만든다. 그리고 전설적인 요리사 줄리아 차일드의 요리책에 나와 있는 524개의 요리법을 365일 동안 전부 실행하는 것을 목표로 매일 요리를 만들어 그 결과를 블로그에 올린다. 줄리의 요리 블로그는 점차 많은 사람들로부터 뜨거운 반응을 얻는다. 프랑스 요리의 다양한 요리법과 조리 과정에서 범할 수 있는 실수들을 재미있게 볼 수 있다.

요리사가 되는 가장 일반적인 방법은 조리산업기사나 제
과·제빵기능사 자격증을 따는 것이다. 이 시험에는 학력이
나 나이 제한이 없지만 대체로 조리학원이나 대학(교)에서
공부한 뒤 자격시험에 도전하는 것이 보통이다.

조리학과에서는 한식, 일식, 중식, 양식, 제과·제빵을 골고
루 배운다. 2년제 대학의 경우 1년 동안 이들 과목을 배운
뒤 2학년에 올라가서 전공을 선택하는 게 일반적이다. 4년
제 대학교의 경우도 마찬가지다. 전체 4년을 나눠 2년 동안
기초 과목을 수강한 뒤 3학년에 올라가서 전공을 선택하게
된다. 4학년이 되면 대부분의 강의는 1학기에 마치고, 2학
기부터는 현장에 나가 실습을 하게 된다.

조리산업기사 자격시험은 한식, 일식, 중식, 양식, 복어 조
리 부문으로 나뉘며 필기시험과 실기시험으로 나누어져 있
다. 다섯 분야 중 한 분야 자격증을 취득하면 나머지 네 분
야 필기시험이 면제된다. 제과기능사와 제빵기능사 자격시

험도 필기시험과 실기시험으로 나누어져 있다. 마찬가지로 두 분야 중 한 분야 자격증을 취득하면 다른 한 분야 필기 시험이 면제된다. 자세한 내용은 한국산업인력공단 홈페이지(www.hrdkorea.or.kr)에 소개되어 있다.

'조리학과', '제과제빵과'가 있는 2년제 대학

* 자료 출처: 한국전문대학교육협의회 입학정보센터

학교	학과 및 학부	학교	학과 및 학부
가톨릭상지대학	호텔외식조리과	계명문화대학	식품영양조리학부:
강릉영동대학	호텔조리과		식품영양전공/조리전공
강원관광대학	관광호텔조리영양계열	고구려대학	호텔조리제빵학부:
강원도립대학	식품가공제과제빵과		호텔조리제빵전공/
경남도립남해대학	호텔조리제빵과		커피바리스타전공
경남정보대학	호텔외식조리과,	구미1대학	호텔조리제빵계열:
	식품영양제과제빵계열:		호텔조리전공/
	식품영양전공/제과제빵		전통조리전공/
	조리전공		제과제빵전공
경민대학	호텔조리과	국제대학	호텔외식조리과
경북과학대학	호텔외식조리계열:	군장대학	웰빙외식조리계열:
	호텔외식조리전공/		호텔외식조리전공/
	떡·제과디자인전공		약선 조리전공/
경북전문대학	호텔조리제빵과		글로벌한식조리전공
경산1대학	호텔외식조리과	극동정보대학	호텔조리제빵과
경인여자대학	식품영양조리과	김포대학	호텔조리과

학교	학과 및 학부	학교	학과 및 학부
김해대학	호텔조리영양과		영양전공/호텔조리전공
대경대학	호텔제과제빵과,	동부산대학	호텔외식조리과
	호텔조리학부:	동서울대학	관광정보처리학부
	호텔조리과/세계호텔		호텔외식조리전공
	조리과/호텔외식조리과	동우대학	호텔조리과,
	/푸드 스타일리스트과/		호텔제과제빵과
	와인커피바리스타과/	동원대학	호텔조리과
	조리마스터과	동주대학	외식조리제과계열: 외식
대구공업대학	호텔외식조리계열:		조리전공/제과제빵전공
	외식창업조리전공/	문경대학	호텔조리제빵과
	호텔식음료조리전공	배화여자대학	전통조리과
대구과학대학	식품영양조리계열:	부산여자대학	호텔조리과, 제과제빵과
	식품영양전공/	부산정보대학	호텔조리계열: 호텔조리
	외식조리제빵전공		전공/제과제빵데코레이
대구미래대학	호텔조리과,		션전공
	제과데코레이션과	상지영서대학	관광조리음료과,
대구보건대학	호텔외식조리계열:		식품영양조리과
	서양조리전공/동양	서강정보대학	호텔조리학부: 호텔조리
	조리전공/제과제빵		전공/호텔제과제빵전공
	전공/호텔와인커피	서라벌대학	국제서양조리과,
	전공/식품영양전공		실용한식조리과
대구산업정보대학	호텔외식조리계열:	서울전문학교	호텔조리학과
	조리전공/외식창업	서정대학	호텔조리과
	전공/푸드스타일링	서해대학	호텔조리영양과
	전공/식품영양전공	세경대학	호텔조리과
대림대학	호텔관광외식계열:	송원대학	호텔조리영양계열: 호텔
	호텔조리전공		조리과, 식품영양과
대원대학	호텔조리계열: 호텔조리	송호대학	호텔외식조리과
	전공/바리스타전공	수원과학대학	호텔조리과
대전보건대학	전통조리과	수원여자대학	식품조리과,
동강대학	호텔조리영양계열: 식품		제과제빵산업과

학교	학과 및 학부	학교	학과 및 학부
순천청암대학	호텔외식조리과	전북과학대학	호텔조리영양과
신성대학	호텔조리제빵계열: 외식조리전공/제과제빵전공	제주관광대학	관광외식조리계열: 동양조리/서양조리/제과제빵
신흥대학	호텔조리과	제주산업정보대학	관광호텔조리과
안산공과대학	호텔조리과	제주한라대학	호텔조리과
안양과학대학	호텔조리과	조선이공대학	식품영양조리과학과
양산대학	호텔외식조리계열: 일식조리전공/커피바리스타제과전공/푸드코디·헬스쿠킹전공/호텔식품제과제빵전공/호텔외식조리전공	주성대학	호텔제과음료과
		창신대학	호텔조리제빵과, 식품영양학과
		포항대학	호텔조리제빵계열: 호텔조리&제과제빵전공/영양조리전공
영남외국어대학	호텔조리과	한국관광대학	호텔조리과, 호텔제과제빵과
영남이공대학	식품·관광학부: 식음료조리계열 조리전공/식품영양전공		
오산대학	호텔조리계열: 호텔조리전공/조리과학전공	한림성심대학	관광외식조리과
		혜전대학	호텔제과제빵과, 식품영양과, 호텔조리외식계열: 한식전공/서양식전공/중식전공/일식전공/외식경영전공/푸드스타일전공/음료경영전공
우송정보대학	외식조리과, 제과제빵과, 식품영양조리과		
원광보건대학	식품외식조리과		
울산과학대학	호텔조리과		
장안대학	호텔조리과		
재능대학	호텔외식조리과		
전남도립대학	호텔조리영양과		

'조리학과', '제과제빵과'가 있는 4년제 대학

* 자료 출처: 교육과학기술부 대학입학정보센터

학교	학과 및 학부	학교	학과 및 학부
가야대학교	호텔조리영양학과		학전공, 외식조리유학과
경기대학교	외식·조리학과	위덕대학교	외식산업학부: 호텔조리
경주대학교	외식·조리학과		전공/제과제빵전공/식품
경희대학교	조리·서비스경영학과		영양전공
관동대학교	호텔·관광학부: 호텔외식·	청운대학교	호텔조리식당경영학과
	조리학전공	초당대학교	조리과학부: 호텔조리
남부대학교	호텔조리학과		전공/외식조리전공/영양
대구한의대학교	한방식품조리영양학부:		조리제빵전공
	식품조리학전공/	한경대학교	영양조리과학과
	식품영양학전공	한국국제대학교	식품과학부: 호텔조리학
순천대학교	조리과학과		전공/식품영양학전공/
영동대학교	호텔외식조리학과		건강기능식품학전공
영산대학교	동양조리학과, 서양조리	한중대학교	호텔외식조리학부:
	학과, 한국식품조리학과		외식프랜차이즈전공/
우석대학교	외식산업조리학과		호텔조리전공
우송대학교	외식조리학부: 외식조리	호남대학교	조리영양학부: 조리과학
	전공/제과제빵전공		전공/식품영양전공
	외식조리영양학부: 외식	호원대학교	식품외식조리학부
	조리과학전공/식품영양		

외국 학교

전 세계적으로 유명한 요리 학교가 많다. 이 책에서는 미국, 이탈리아, 일본, 프랑스의 가장 대표적인 요리 학교 다섯 곳을 소개한다.

미국 CIA(The Culinary Institute of America)

현대 요리의 메카라 할 수 있는 CIA는 1946년에 설립되었다. 실전 경험이 많은 교수진으로 구성되어 있는 점이 특징이며 40개가 넘는 주방과 제과점, 5개의 레스토랑을 운영하고 있어 교내에서도 충분히 실습할 수 있다. 뉴욕과 캘리포니아, 텍사스 세 곳에 센터가 있다.

홈페이지 **www.ciachef.edu**

이탈리아 ICIF(Italian Culinary Institute for Foreigners)

외국인을 위한 이탈리아 정통 요리 학교로 1991년에 설립되었다. 원래 미국에 있는 이탈리아 식당 경영자들과 요리사들이 능력 있는 요리사를 구하기 위해 출자하여 세운 학교로 이탈리아 정부와 유럽공동체(ECC)가 후원하고 있다.

집중적이고 전문적인 이탈리아 요리 교육과 현지 레스토랑 인턴 실습을 통해 짧은 기간 동안 실질적인 경험을 쌓는 정규 마스터 코스와 전문 요리사를 위한 브레베(Breve) 코스가 있다. 이탈리아 북부 토리노 시에 위치한다. 1999년 한국요리사협회 소속 요리사들이 ICIF에서 연수받은 것이 계기가 되어 2000년 ICIF 한국예비학교가 설립되었다.

홈페이지 **www.icif.com**(한국어로도 설명되어 있음)

일본 핫도리영양전문학교(服部榮養專門學校)

1939년에 설립된 일본 최고의 요리 학교이다. 영양사 과정(2년), 조리사 과정(1년), 조리하이테크니컬경영 과정(2년)이 있다. JLPT 2급 이상이나 일본어학교에 6개월 이상 다녀야 입학이 가능하다. 조리사 본과 과정에서는 서양·일본·중국·제과제빵의 기초부터 전문적인 테크닉까지 가르치며 종합력과 실전력을 두루 갖춘 조리사를 육성하는 데 목표를 두고 있다. 서비스와 매너에 대한 실습과 접객과 식공간 프로듀싱에 관한 노하우도 가르치고 있다.

홈페이지 **www.hattori.ac.jp**

프랑스 르코르동블루(Le Cordon Bleu)

프랑스에서 가장 역사가 깊고 권위 있는 요리 학교로 1895
년 설립되었다. 런던과 도쿄, 시드니, 뉴욕, 오타와, 서울
(숙명여자대학교)에 분교가 있다. 요리, 제과·제빵, 레스토
랑/호텔 경영 등에 관해 다양한 과정이 있다.

홈페이지 **www.lecordonbleu.com**(한국어로도 설명되어 있음)

프랑스 국립제빵제과학교(INBP, Institut National de la Boulangerie Pâtisserie)

1974년 프랑스의 루앙에서 프랑스 제과제빵연합회에 의해
설립되었다. 루앙에 있는 알리앙스 프랑세즈(Alliance
Française)의 불어 실력 테스트에 합격해야 입학할 수 있다.
제과 과정(Pâtisserie)과 제빵 과정(Boulangerie)이 있고, 각
과정마다 교육 기간이 5개월이다. 교육 과정 이수 후에는
직업적성증명서인 CAP(certificat d'aptitudes professionelles)
이라는 자격증을 획득하게 된다. 이 자격증은 국가에서 수
여하는 것이기 때문에 프랑스 어느 지역에서나 유효하다.
매년 졸업생 중 약 15%가 외국인이라고 한다.

홈페이지 **www.inbp.com**(한국어로도 설명되어 있음)